Mirko Krüger

Drei Haselnüsse für Aschenbrödel

**Populäre Irrtümer
und andere Wahrheiten**

Inhalt

- 6 Zum Geleit
- 8 Beinahe ein Sommermärchen
- 10 Aschenputtel oder Aschenbrödel?
- 12 Ein grandioses Verwirrspiel
- 16 Mal lebt der Vater, mal ist er tot
- 19 Behände wie ein Eichhörnchen
- 20 Aus dem Dornröschenschlaf gerissen
- 22 Ist Aschenbrödel tierlieb?
- 23 Aschenbrödels Waffe
- 24 Die Augen ausgepickt
- 26 Die 10 schönsten Filmzitate
- 28 Aus der Zeit gefallen
- 31 Der namenlose Prinz
- 33 Wer ist wer?
- 37 „Drei Haselnüsse für Aschenbrödel" in drei Zahlen
- 38 Männlein oder Weiblein?
- 41 Das Hollywood der DDR
- 43 Kleiner Muck und kaltes Herz

44	Das Märchenschloss	78	Bretter, die die Welt bedeuten
46	Aschenbrödels Zuhause	81	„Eine moderne Heroin, greifbar und menschlich"
49	Konspiratives Meisterstück		
50	Jene, die Gott gehört	84	Eine Pop-Prinzessin als Aschenbrödel
53	Schlichte, gemütliche Darstellung		
54	Němcová im Portemonnaie	88	Märchenhafte Verpackung
56	Unterwegs zu Božena Němcová	92	10 nussige Fakten
58	Das große Kikeriki	94	Bestens gewappnet
59	Weihnachten? Grauenhaftes Fest!	96	Aus die Maus!
62	Es war einmal eine Konkubine	98	Aschenbrödel und der Kalte Krieg
64	Stammt Aschenbrödel aus China?	101	10 Geschichten, die man nicht kennen muss
65	Heimtückische Aschenkatze		
69	Zuckersüß und langweilig brav	104	Graziöse Vogelschar
71	Von Micky Maus zu Cinderella	105	Rucke di guck, rucke di guck!
72	Der Mann, der Gott schuf	114	Aschenbrödel. Eine Zeitreise
74	Eine Oboe ersetzt Karel Gott	116	Das Quiz für echte Fans
76	Endlich unendlich	120	Zitate

Zum Geleit

Alle Jahre wieder ist „Drei Haselnüsse für Aschenbrödel" das am häufigsten ausgestrahlte Märchen im deutschen Fernsehen. Wenn die Titelheldin auf ihrem Schimmel durch den tiefverschneiten Wald reitet, schlagen nicht nur Kinderherzen höher. Doch woher rührt diese stete Begeisterung? Was macht die Liebesgeschichte zu einem Kultfilm? Liegt es an den Schauspielern? An der mitreißenden Filmmusik? Oder daran, dass das Märchen eine bis heute hochaktuelle Geschichte erzählt – nämlich die eines Mobbingopfers, das sein Glück selbst in die Hand nimmt?

Zweifelsohne ist Aschenbrödel eine taffe, faszinierende Frau. Zum Erfolg des vor allem in der Adventszeit zu sehenden Films trägt aber nicht minder bei, dass er uns traumhafte Winterlandschaften vor Augen führt. Weiße Weihnachten gibt es also noch immer, zumindest im Märchen. Dabei war „Drei Haselnüsse für Aschenbrödel" ursprünglich nicht mal als Wintermärchen geplant; der Film sollte im Sommer gedreht werden.

Dieses Büchlein erzählt von populären Irrtümern und anderen Wahrheiten über den Märchenklassiker. Es beantwortet Fragen wie: Warum heißt Aschenbrödel nicht Aschenputtel wie im grimmschen Märchen? Wie emanzipiert ist die junge Frau wirklich? Bedient sie doch nur uralte Klischees, indem sie sich einem Adeligen an den Hals wirft? Wo genau wurde der Film gedreht? Wieso singt Karel Gott zwar ein Lied im tschechischen Originalfilm, nicht aber in der deutschen Version? Stimmt es, dass die Diebe von Aschenbrödels Ballkleid ihre Tat bereut und die Beute zurückgegeben haben? Und was wurde eigentlich aus der bösen Stiefmutter?

Wie jeder Herz-Schmerz-Film endet auch „Drei Haselnüsse für Aschenbrödel", bevor der Ehealltag einzieht. Eine Frage muss deshalb offen bleiben: Lebten Aschenbrödel und sein Prinz wirklich glücklich bis ans Lebensende?

Aschenbrödels Tanzschuh ist der vielleicht berühmteste Pumps der Filmgeschichte. Die Geschichte von der Suche nach der Trägerin eines verlorenen Schuhs ist allerdings weit älter als das Märchen. Sie wurde bereits vor rund 2000 Jahren erzählt.

Beinahe ein Sommermärchen

„Drei Haselnüsse für Aschenbrödel" ist längst zum Weihnachtsklassiker geworden. Dabei sollte die Handlung ursprünglich im Sommer spielen. Wie bitte, das glauben Sie nicht?

Eigentlich sind Märchen zeitlos. Wenn sie nicht gerade von der Schneekönigin oder Frau Holle erzählen, spielt die Jahreszeit in ihnen eine untergeordnete Rolle. Das trifft auch auf „Drei Haselnüsse für Aschenbrödel" zu. In der Geschichte der Waisen, die von ihrer Stiefmutter gemobbt wird, kommt es nicht darauf an, ob es regnet oder schneit, ob es friert oder glutheiß ist.

„Drei Haselnüsse für Aschenbrödel" ist eine Koproduktion des Filmstudios Barrandov (ČSSR) und der Defa (DDR). Als das Märchen zu Beginn der 1970er Jahre verfilmt werden sollte, hatte Regisseur Václav Vorlíček ein Sommermärchen im Sinn. Doch die ostdeutschen Partner widersprachen, und das aus ziemlich pragmatischen Gründen. Die Defa war im Sommer bereits gut

POPULÄRER IRRTUM

Schloss Moritzburg im Winter.
Während der Dreharbeiten kam Fischmehl
als Kunstschnee zum Einsatz.

ausgelastet, hatte aber im Winter noch freie Kapazitäten. Da Barrandov keineswegs auf den finanzstarken Partner aus der DDR verzichten wollte, stimmte der Regisseur zu.

So wurde der Film im Winter 1972/73 gedreht. Die meisten Außenaufnahmen entstanden im Böhmerwald, während das königliche Schloss im sächsischen Moritzburg stand. Alsbald sahen sich Filmemacher und Schauspieler mit Wetterkapriolen konfrontiert. Während im Böhmerwald zu viel Schnee lag, fehlte rund um Moritzburg das winterliche Weiß. In Ermangelung von Schneekanonen setzte man auf eine Notlösung. Statt mit echtem Kunstschnee wurde die Landschaft rund um das Schloss mit Fischmehl gepudert.

Wenn wir heutzutage Aschenbrödel und den Prinzen im Schnee bestaunen, darf uns dies ziemlich egal sein. Es sei denn, uns steht der Sinn danach, einfach mal märchenhaft klugzuscheißen ...

Aschenputtel oder Aschenbrödel?

Fans fragen sich immer wieder aufs Neue: Warum heißt das Mädchen im Märchenfilm eigentlich Aschenbrödel – und nicht Aschenputtel, wie bei den Brüdern Grimm?

Wir könnten darauf schlicht und einfach mit einem Verweis auf den anderen großen Märchensammler Deutschlands antworten. Ludwig Bechstein hatte 1845 das „Deutsche Märchenbuch" veröffentlicht; in ihm erzählt er vom Aschenbrödel. Allerdings ließ Bechstein elf Jahre später sein „Neues deutsches Märchenbuch" folgen. Darin stand nun das Märchen vom „Aschenpüster mit der Wünschelgerte". Noch ein Name, oje …

Doch es gibt derer noch weit mehr. Ihrer Erstveröffentlichung von „Aschenputtel" gesellten die Grimms einen Kommentar bei. Darin heißt es, dieses Märchen „gehört unter die bekanntesten und wird aller Enden erzählt." Daraus resultieren viele Namen für die Heldin. Die Brüder listen auf: Askenpösel, Askenpüster, Askenböel und Askenbüel. In Norddeutschland sei vom Aschenpöselken und Sudelsödelken die Rede. „Sudeln, weil es im Schmutz verderben muß." In Hessen spreche man vom Aschepuddel als „geringfügiges, unreines Mägdlein. Noch mehr oberdeutsch ist: Aschenbrödel und Aescherling."

Maßgeblich für die Fans von „Drei Haselnüsse für Aschenbrödel" ist die verfilmte Märchenversion – und diese stammt nun mal von Božena Němcová. Die Tschechin schrieb weder vom Aschenputtel noch vom Aschenbrödel. Ihr Märchen heißt „O Popelce", der Film wiederum „Tři oříšky pro popelku". Popelku wiederum ist eine deklinierte Form (Akkusativ) von Popelka. Wie aber übersetzt man Popelka ins Deutsche? Als 1978 Němcovás Märchen auf Deutsch erscheinen sollte, entschied sich das Redaktionskollegium für Aschenputtel. Dass zu diesem Zeitpunkt der Aschenbrödel-Film bereits große Erfolge gefeiert hatte, spielte keine Rolle.

Aschenpüster – Illustration aus der 1890er Ausgabe von
Bechsteins „Neuem deutschen Märchenbuch".

Ein grandioses Verwirrspiel

„Drei Haselnüsse für Aschenbrödel" folgt einer schlichten, gleichwohl schlüssigen Dramaturgie. Der Film erzählt die Ereignisse in ihrer tatsächlichen Abfolge. Es gibt weder Rückblenden noch Nebenhandlungen, auch das Ensemble ist überschaubar. Doch was passiert eigentlich wann – und wie?

DER PROLOG

Auf dem Anwesen von Aschenbrödels Familie herrscht geschäftiges Treiben. Knechte schmücken das Tor mit Girlanden und fegen den Hof, Kinder tollen umher, Küchenjungen tragen Speisen herbei. Nach nur einer Minute hat die Stiefmutter bereits ihren ersten herrischen Auftritt. Sie maßregelt einen Burschen, der ein Küchlein stibitzt hat. Auch im unmittelbaren Wortsinn blickt sie herab auf das Gesinde: Sie und ihre leibliche Tochter Dora stehen hoch oben auf einem Balkon. Natürlich entgeht ihnen nicht, dass Aschenbrödel in den Hof stolpert und einen Eimer mit Asche verschüttet. Während die Stiefmutter ihre Knechte als Faulenzer und Tölpel beschimpft, stiehlt sich Aschenbrödel davon und verrät im Stall seinem Schimmel Nikolaus: „Alles ist hier aus dem Häuschen, sie erwarten den König."

Einige Szenen später zerbricht einem der Küchenjungen eine Schüssel. Die Stiefmutter hört das Klirren der Scherben und eilt in die Küche; sie will den Jungen schelten. Aschenbrödel möchte ihn schützen und nimmt die Schuld auf sich. Es kommt zu einem ersten Wortgefecht zwischen der Stiefmutter und dem Mädchen. Aschenbrödel verbittet sich, als unschönes Erbe abgestempelt zu werden. In ihrem Zorn schüttet die Stiefmutter eine Schale voller Erbsen in die Asche. Aschenbrödel soll sie auslesen: „Und weh' dir, du lässt dich blicken, wenn der Königssohn vorbeikommt!"

ERSTER AKT

Kaum möchte Aschenbrödel damit beginnen, die Erbsen zu lesen, kommen auch schon Tauben dahergeflogen und nehmen ihm die Arbeit ab. Das Mädchen tut, was ihm die Stiefmutter zuvor ausdrücklich verboten hat. Es reitet mit Schimmel Nikolaus in den Wald. Im Gut trifft unterdessen die königliche Reisegesellschaft ein, allerdings ohne den Prinzen. Er hat sich, ohne den König zuvor um Erlaubnis gefragt zu haben, mit seinen Freunden entfernt, um zu jagen. Aschenbrödel beobachtet die Männer und verhindert mit einem Schneeballwurf auf den Prinzen, dass er ein Reh tötet. Daraufhin verfolgen die jungen Männer den Störenfried, um lachend festzustellen: „Das ist ja ein kleines Mädchen. Ein Hühnchen ohne Federn." Sie bieten Aschenbrödel an, ihm den Po zu versohlen. Das Mädchen hält schlagfertig gegen und bezeichnet die Jäger als Dummköpfe.

Auf dem Gutshof bricht die königliche Gesellschaft auf. Die Stiefmutter bittet um eine Einladung zu einem Ball für sich selbst und Dora. Dem Königspaar bleibt keine andere Wahl, als diesem Wunsch als Dank für die Bewirtung zu entsprechen.

Auf der Heimreise stößt der Prinz zu seinen Eltern dazu. Sie kündigen an, ihn alsbald verheiraten zu wollen. Er ist alles andere als begeistert.

Die Stiefmutter schickt Knecht Vinzek in die Stadt, damit er für sie und Dora kostbare Stoffe kauft. Sie möchten sich daraus prächtige Ballkleider schneidern. Auf der Kutschfahrt durch den Wald begegnet Vinzek dem Aschenbrödel und fragt es nach seinen Wünschen. Aschenbrödel möchte sich mit dem begnügen, was dem Knecht auf seinem Weg vor die Nase kommt.

Bei Hofe beginnen die Vorbereitungen zum Ball. Der Prinz soll unterdessen Tanzunterricht beim Präzeptor nehmen. Er entzieht sich dem Hauslehrer und reitet mit seinen Freunden in den Wald. Als er Knecht Vinzek heranfahren sieht, möchte der Prinz ihm einen Streich spielen. Er schießt mit der Armbrust ein Vogelnest von einem Baum herunter. Es fällt Vinzek in den Schoß. Im Nest befinden sich drei Haselnüsse; sie werden zum Mitbringsel für Aschenbrödel.

ZWEITER AKT

Auf dem Dachboden eines Häuschens am Waldrand lebt Eule Rosalie. Hier hütet sie Aschenbrödels Schatzkästlein, das das Mädchen von seiner verstorbenen Mutter erhalten hat. Aschenbrödel gesteht der Eule, den Prinzen wiedersehen zu wollen. Plötzlich platzt eine der Haselnüsse auf und zaubert das Kostüm eines Jägers herbei. Gemeinsam mit Schimmel Nikolaus und Hund Kasperle bricht das verkleidete Aschenbrödel auf. Es stößt zu einer königlichen Jagdgesellschaft dazu. Das Mädchen, das alle für einen Mann halten, gewinnt ein Wettschießen mit der Armbrust. Es erhält als Preis einen Ring aus des Königs Schatzkammer.

Aschenbrödel flüchtet. Der Prinz reitet hinterher. Er begegnet aber nur einem in Lumpen gekleideten Mädchen, das auf einen Baum geklettert ist.

Auf dem Gutshof putzen sich die Stiefmutter und Dora zum Ball heraus. Die Stiefmutter demütigt Aschenbrödel ein weiteres Mal. Sie vermischt Linsen und Maiskörner, die das Mädchen aussortieren soll.

DRITTER AKT

Erneut kommen die Tauben, um zu helfen. Aschenbrödel begibt sich schnurstracks zu Eule Rosalie. Aus der zweiten Haselnuss entspringt ein Ballkleid nebst Tanzschuhen.

Bei Hofe hat das Tanzfest begonnen. Dem Prinzen werden zahlreiche junge Frauen von edlem Blut vorgestellt, darunter Dora. Allerdings, so bemerkt der König, zieht sein Sohn ein Gesicht, als ob er Sauerkraut kauen würde. Gerade, als der Prinz mit Dora das Tanzbein schwingt, erreicht Aschenbrödel das Schloss. Es zögert, einzutreten, es überlegt sogar, wieder nach Hause zu reiten, traut sich dann aber doch in den Festsaal. Sofort richten sich alle Blicke auf die junge Frau. Sogar die Musik erstirbt vor lauter Andacht … Der Prinz bittet das verschleierte Aschenbrödel zum Tanz. Alle fragen sich, wer es ist, der König und die Königin, Dora und die Stiefmutter, vor allem aber der Prinz. Er sagt

> **Aschenbrödels Rätsel**
> „Die Wagen sind mit Asche beschmutzt, aber der Schornsteinfeger ist es nicht. Ein Hütchen mit Federn, die Armbrust über der Schulter, aber ein Jäger ist es nicht. Ein silbern gewirktes Kleid mit Schleppe zum Ball, aber eine Prinzessin ist es nicht, mein holder Herr."

Aschenbrödel noch während ihres ersten Tanzes auf den Kopf zu, dass er es heiraten werde. Das Mädchen hält ihm entgegen, er habe das Wichtigste vergessen. Er müsse seine Auserkorene zunächst bitten, ob sie seine Braut werden möchte. Damit nicht genug, gibt ihm Aschenbrödel ein Rätsel auf. Die Lösung ist: es selbst. Doch der Prinz kommt nicht auf die richtige Antwort. Daraufhin flieht Aschenbrödel und verliert auf der Schlosstreppe einen Schuh. Der Prinz sieht seine Tanzpartnerin davonreiten und verfolgt sie bis zum Gutshof.

DAS FINALE

Der Prinz und seine Gefährten brechen das Tor des Gutshofs auf. Das Gesinde tritt ihm entgegen: „Was habt ihr hier zu suchen!" Der Prinz verlangt, alle Frauen und Mädchen zu sehen. Er möchte sie den Tanzschuh anprobieren lassen. Im gleichen Moment kehren die Stiefmutter und Dora vom Ball heim. Sie sperren kurzentschlossen Aschenbrödel in dessen Kammer ein. Dora schlüpft in das Ballkleid ihrer Stiefschwester und versucht, den Prinzen zu täuschen. Der Schuhprobe entzieht sie sich durch eine Flucht auf dem Pferdeschlitten. Erst als das Gefährt in einen Teich stürzt, kann der Prinz sie einholen. Er erkennt, dass Dora nicht die wahre Braut ist, und reitet zurück zum Gutshof.

Aschenbrödel hat inzwischen die dritte Zaubernuss geöffnet und ein Brautkleid erhalten. Derart ausstaffiert reitet die junge Frau dem Prinzen entgegen. Er erkennt sie sofort, der Schuh passt und auch das ihm während des Balls gestellte Rätsel kann der Prinz nun lösen. Daraufhin reiten der Prinz und Aschenputtel über verschneite Felder und entschwinden am Horizont.

POPULÄRER IRRTUM

Mal lebt der Vater, mal ist er tot

Wer „Drei Haselnüsse für Aschenbrödel" sieht und meint, damit würde er das Originalmärchen von Božena Němcová kennen, täuscht sich mächtig. Die Verfilmung weicht stark von ihrem literarischen Vorbild ab. Fünf Beispiele zeigen dies.

Was braucht es, um einen spannungsgeladenen Film rund um drei Haselnüsse und ein schönes Mädchen zu erzählen? Genau: drei Haselnüsse und ein schönes Mädchen. Von Vorteil ist gewiss auch, wenn eine böse Stiefmutter und deren garstige Tochter vorkommen, zudem sollten ein stattlicher Prinz und allerlei fleißige Tauben tragende Rollen übernehmen. Und sonst? Sonst darf ein Regisseur schalten und walten, wie es ihm beliebt. Künstlerische Freiheit nennt sich dieses Prinzip. Machen wir es konkret: Worin unterscheiden sich der Film und seine Vorlage?

Beispiel 1: Aschenbrödels Vater
Im Film ist der Vater der Titelheldin nicht leibhaftig zu erleben. Aschenbrödel erwähnt ihn nur beiläufig gegenüber ihrem Schimmel Nikolaus. Der Vater hatte ihm das Pferd demnach vor drei Jahren geschenkt. Mittlerweile ist der Vater gestorben. Wann und wie, das erfahren wir nicht.

Ganz anders stellt sich die familiäre Situation in der Märchenvorlage dar. Aschenbrödel, sein Vater, dessen zweite Ehefrau und deren Tochter leben unter einem Dach. Allerdings hat der Vater in der Patchwork-Familie nicht allzu viel zu bestellen. Er steht unter der Fuchtel von Aschenbrödels Stiefmutter. Die Situation ändert sich erst ausgangs des Märchens. Der Prinz hält um Aschenbrödels Hand an, der Vater gibt dem Paar seinen Segen. Zum Dank darf er fortan mit am Hof des Paares leben.

Beispiel 2: Haselnüsse und Haselzweig
Im Film bricht Knecht Vinzek mit einem Pferdeschlitten zum

Fünf Jahre nach der Filmpremiere gab der tschechoslowakische Verlag Mladé letá das Originalmärchen von Božena Němcová in deutscher Sprache heraus. Das Märchen erschien im Sammelband „Der König der Zeit". Der Übersetzer entschied sich für ‚Aschenputtel' statt ‚Aschenbrödel'.

Markt auf. Er soll auf Befehl der Stiefmutter feine Stoffe einkaufen, aus denen ein Ballkleid und eine Schleppe für die Stiefschwester geschneidert werden. Unterwegs fällt ihm ein Vogelnest mit drei Haselnüssen in den Schoß, das, welch' Fügung, ausgerechnet der Prinz mit seiner Armbrust von einem Baum geschossen hat. Vinzek macht Aschenbrödel die Haselnüsse zum Geschenk.

In Božena Němcovás Märchen ist es der Vater, der zu einer Messe aufbricht. Er fragt seine Töchter, welche Mitbringsel sie sich wünschen. Stieftochter Dora bittet um schöne Kleider und Edelsteine. Aschenbrödel möchte sich mit einem Zweig begnügen, der dem Vater unterwegs ins Gesicht schlägt. So geschieht es. Der Vater kommt einem Haselbusch zu nahe, ein Zweig streift ihn. Daraufhin bricht er das Reis ab und übergibt es seiner leiblichen Tochter.

Beispiel 3: Frosch und Eule
Spätestens dann, wenn man „Aschenbrödel"-Fans danach befragt, was sie von dem verzauberten Frosch im Film halten, kommen etliche ins Grübeln. Gemach, gemach! Ehe sich geneigte Leser allzu sehr den Kopf zermartern, wollen wir es verraten: Zumindest im Film spielt kein Frosch mit. Dessen Rolle übernimmt

die Eule Rosalie. Sie hütet Aschenbrödels Schatzkästlein, in dem sich die Haselnüsse befinden.

Ganz anders ist es um die Märchen-Vorlage bestellt. In ihr lässt Aschenbrödel versehentlich den Haselzweig in einen Brunnen fallen. Als sie in Tränen ausbricht, taucht aus den Tiefen ein Frosch auf und legt eine Nuss auf den Brunnenrand. Aschenbrödel spricht den Frosch aus Dank als Brüderchen an. Er erweist sich noch zweimal als Helfer in der Not und holt die anderen Nüsse zurück ans Tageslicht.

Beispiel 4: Die Jagdszenen

Im Film geht der Prinz mit seinen Gefährten immer wieder auf die Jagd. Dabei begegnet er erstmals Aschenbrödel in dessen zerlumpten Kleidern. Später verkleidet sich das Mädchen als Jägersmann und mischt sich unerkannt unters Gefolge des Prinzen. Aschenbrödel gibt den besten Schuss ab und erhält zur Belohnung einen Ring.

In der literarischen Vorlage kommen Jagdszenen überhaupt nicht vor.

Beispiel 5: Ballsaal und Kirche

Stiefschwester Dora hat nur eines im Sinn. Sie möchte am Königshof einen Ball besuchen und dort das Herz des Prinzen gewinnen. Dass und wie ihr Aschenbrödel die Schau stiehlt, erzählt der Film in wahrhaft märchenhaften Bildern.

Auf einem Ball wird in der Märchenvorlage nicht getanzt. Bei Božena Němcová strömen die handelnden Personen vielmehr in die Kirche. Aschenbrödel soll auf Anordnung der Stiefmutter zu Hause bleiben, da sie nur über schmutzige Kleider verfügt. Natürlich schafft es dank der Haselnüsse doch noch, in strahlenden Kleidern den Gottesdienst zu besuchen. Auch der Prinz weilt hier. Drei solche Kirchgänge beschreibt das Märchen, erst dann verliert Aschenbrödel seinen Schuh.

POPULÄRER IRRTUM

Behände wie ein Eichhörnchen

Aschenbrödels Versteckspiel mit dem Prinzen gilt als besonderer Regie-Einfall. Es klettert auf einen Baum, er vermag ihm nicht zu folgen. Aus der Märchenvorlage des Films stammt diese Szene nicht. Allerdings entsprang sie auch nicht der Fantasie des Regisseurs.

Nach der königlichen Jagd flüchtet Aschenbrödel in den Wald. Eben war das Mädchen noch als Jäger verkleidet, nun hockt es im ärmlichen Gewand auf einem Baum und foppt den Prinzen. Aschenbrödels Aufforderung, ihm nachzusteigen, kommt der feine Herr nicht nach. Kann er nicht klettern – oder möchte er es nicht?

In der literarischen Vorlage von Božena Němcová werden die Fluchten wahrhaft nebulös beschrieben. Das Mädchen entschwindet in mit Zauberkraft erzeugten Nebelschwaden. Weit abenteuerlicher erzählen die Brüder Grimm das Ausreißen. In ihrer 1819 veröffentlichten Version des Märchens flüchtet Aschenputtel vor dem Prinzen in den heimischen Garten. „Darin stand ein schöner, großer Birnbaum voll herrlichem Obst, auf den stieg es gar behend und der Königssohn wußte nicht, wo es hingekommen war. Er wartete aber, bis der Vater kam und sprach zu ihm: das fremde Mädchen ist mir entwischt und ich glaube, daß es auf den Birnbaum gesprungen ist. Der Vater dachte, sollte es Aschenputtel seyn! und ließ sich die Axt holen und hieb den Baum um, aber es war niemand darauf. Und als sie in die Küche kamen, lag Aschenputtel da in der Asche, wie gewöhnlich, denn es war auf der andern Seite vom Baum herabgesprungen."

In der Ausgabe von 1840 schmücken die Brüder Grimm diese Situation weiter aus. Darin heißt es: „Darin stand ein schöner großer Baum an dem die herrlichsten Birnen hiengen, auf den stieg es, behend wie ein Eichhörnchen." Kurzum: Aschenbrödels Kletterkünste sind keine Regie-Erfindung, sondern waren bereits im deutschen Märchenklassiker angelegt.

Aus dem Dornröschenschlaf gerissen

Geküsst wird in „Drei Haselnüsse für Aschenbrödel" zwar nicht, dennoch ist die Frage legitim: Wie küsst man eigentlich ein Märchen wach? Wie schafft es ein Regisseur, eine uralte Geschichte so zu erzählen, dass sie wirkt wie eine aus der heutigen Zeit?

„Es gibt eigentlich kein Geheimnis. Unsere Filme sind wie unsere Märchen – oft poetisch, meist lächerlich, ein wenig Horror, aber sonst ganz nett." Oje, was wollte uns Václav Vorlíček mit diesen beiden Sätzen bloß sagen? Ist es wirklich so einfach ums Filmemachen bestellt? Oder spielte der „Aschenbrödel"-Regisseur vielmehr auf charmante Art und Weise darauf an, dass gerade das Einfache schwer zu bewerkstelligen ist?

Immer wieder haben Filmwissenschaftler versucht, das Geheimnis von „Drei Haselnüsse für Aschenbrödel" zu ergründen. Herausgekommen sind dann Thesen wie diese: „In Václav Vorlíčeks Kinderfilmen herrscht ein endloser Prager Frühling, ein Refugium anarchischer Freiheit in Mitten der Gegenwart." Klingt gut, keine Frage. Zumal der zeitliche Bezug außerhalb jedes Zweifels steht. „Drei Haselnüsse für Aschenbrödel" wurde nur wenige Jahre nach der Niederschlagung des Prager Frühlings gedreht. Und ja, auch das stimmt: Die Heldin begehrt gegen Unterdrückung auf. Gut möglich, dass zu Beginn der 1970er Jahre ein Gutteil der Kinogänger Vergleiche zum Alltagsleben im real existierenden Sozialismus gezogen hat. Allerdings vermag eine solche Sichtweise keineswegs die Begeisterung zu erklären, die der Märchenfilm noch immer entfacht. Heutige Zuschauer sehen den Film wohl kaum durch eine politische Brille.

Was also macht das Geheimnis von Václav Vorlíčeks Film aus?

Erstens: der Handlungsstrang. Der Grundkonflikt im Film ist zwar derselbe wie im Originalmärchen, doch damit erschöpfen sich bereits die Gemeinsamkeiten. In Božena Němcovás Märchen sehnt Aschenbrödel nichts sehnlicher herbei, als sonntags in die Kirche gehen zu dürfen. Dagegen rückte Václav Vorlíček ausschließlich weltliche Vergnügungen in den Vordergrund. Erst trifft Aschenbrödel während eines Ausritts zufällig auf den Prinzen und spielt mit ihm Verstecken. Danach ist es eine Jagdgesellschaft, unter die sich das Mädchen mischt. Später besucht es unerkannt einen Ball am Königshof, übrigens ganz so wie in Grimms Märchen. Die Verlagerung der Handlung raus aus der Kirche ist für den Film von zentraler Bedeutung. Sie eröffnet ausreichend Spielräume, um das bei Němcová noch überaus brave Aschenbrödel nun als lebenshungrige Frau agieren zu lassen. Dabei entsprach der Verzicht auf die Kirchgänge der offiziellen Erwartungshaltung. Sowohl in der ČSSR als auch in der DDR hatte die Staatsmacht mit großem Nachdruck ein nichtreligiöses Weltbild propagiert.

Zweitens: die Heldin. Božena Němcová charakterisierte Aschenbrödel als herzensgutes, fröhliches Mädchen. Es verrichtet treuherzig alle Arbeiten, die ihm auferlegt werden. Dass Aschenbrödel sein Glück findet, hat vor allem mit glücklichen Fügungen zu tun. Ganz anders im Film. Václav Vorlíčeks Aschenbrödel ist eine Abenteurerin, die aufbegehrt. Ihr ist es verboten, in den Wald zu reiten; sie tut es trotzdem. Wenn die herrische Stiefmutter schimpft, wird sie von Aschenbrödel kurzerhand in eine Wolke aus Staub gehüllt. Die junge Frau bestimmt ihr Schicksal selbst, bis hin zum Schlüsselmoment des Films. Sie lässt sich nicht einfach heiraten, nur weil sie schön ist. Aschenbrödel möchte vom Prinzen als das geliebt werden, was es ist, als Persönlichkeit. Einmal mehr erleben wir das Mädchen selbstbewusst und schlagfertig, temperamentvoll und emanzipiert. Diese Charakterzüge erlauben es Aschenbrödel, von der ersten bis zur letzten Filmminute aus jenen Klischees auszubrechen, die sich mit einer Märchenprinzessin verbinden. Kurzum: Das Mädchen erscheint uns nicht als Figur aus einer uralten Überlieferung, sondern als moderne Frau. Vorlíček hat Aschenbrödel wachgeküsst – und mit ihm das ganze Märchen aus seinem Dornröschenschlaf gerissen.

POPULÄRER IRRTUM

Ist Aschenbrödel tierlieb?

Aschenbrödels treueste Gefährten sind Tiere. Es spricht nicht nur mit ihnen, es hat sie tief ins Herz geschlossen. Nun ja …

Bereits die ersten Szenen des Films erzählen von seiner inniglichen Zuneigung zum Hund Kasperle, zum Schimmel Nikolaus und zur Eule Rosalie. Nicht zuletzt ist es ein Schwarm von Tauben, der Aschenbrödel hilft, die von der Stiefmutter böswillig durcheinandergeschütteten Körner zu sortieren. Die damit verbundene Botschaft ist klar und unmissverständlich: Wer gut zu anderen Lebewesen ist, dem widerfährt ebenfalls Gutes.

Vor allem der Hengst hat es dem Mädchen angetan. Auf seinem Rücken entflieht es dem tristen Alltag und reitet hinein in den tiefverschneiten Wald. Natürlich leben hier allerlei Wildtiere, etwa Rehe. Auf ein solches Bambi hat es ausgerechnet der Prinz abgesehen. Er pirscht sich heran, er greift zur Armbrust, er zielt. In diesem Moment wirft ihm Aschenbrödel einen Schneeball an den Kopf, das Reh kann in letzter Sekunde entspringen. Gut möglich, dass militante Tierschützer dank dieser Szene in Aschenbrödel ein Vorbild erkennen – oder eben auch nicht, wie sich wenig später zeigen wird.

Erneut geht der Königssohn auf die Pirsch. Unter die Gesellschaft mischt sich das als Jägersmann verkleidete Aschenbrödel. Alsbald verblüfft es den Prinzen mit seinen Schießkünsten. Während alle anderen Jäger versagen, holt Aschenbrödel einen Raubvogel vom Himmel. Das bringt ihm zwar als Zeichen der Anerkennung einen Ring aus der königlichen Schatzkammer ein. Aber nicht minder wirft diese Szene irritierende Fragen auf. Warum tötet das Mädchen einen majestätischen Vogel? Hätte es nicht ausgereicht, Tannenzapfen vom Baum zu schießen? Wie ist es um seine Tierliebe tatsächlich bestellt? Und was würden Eule Rosalie und die Tauben sagen, wenn sie erführen, dass Aschenbrödel einen ihrer Verwandten geschossen hat?

Mittelalterliche Armbrust.

Aschenbrödels Waffe

Aschenbrödel versteht es nicht nur, die Waffen einer Frau einzusetzen, sondern auch eine echte Waffe, eine Armbrust. Vor allem dank Wilhelm Tell gelten Armbrüste bis heute als legendär. Der Schweizer Nationalheld war von Reichsvogt Geßler gezwungen worden, seinem Sohn einen Apfel vom Kopf zu schießen. Offenbar war sich Tell seiner Schießkünste selbst nicht sicher. Vorsorglich hatte er sich einen zweiten Pfeil bereitgelegt, um sich im Falle eines Fehlschusses am Vogt für den Tod des Sohnes rächen zu können.

Über Jahrhunderte hinweg galten Armbrüste als besonders treffsicher und durchschlagsstark. Schon bald wurden sie insbesondere von Rittern gefürchtet. Armbrust-Bolzen konnten deren Rüstungen durchdringen; damit änderten sich die Machtverhältnisse auf den mittelalterlichen Schlachtfeldern dramatisch. Erst das immer stärkere Aufkommen von Feuerwaffen löste die Armbrüste ab. Zumindest beim Adel blieben sie aber noch lange Zeit als Jagdwaffen beliebt, wie sich auch in „Drei Haselnüsse für Aschenbrödel" zeigt. Sowohl die Titelheldin als auch der Prinz greifen zur Armbrust.

Die Augen ausgepickt

Viele Märchen erzählen von unglaublichen Grausamkeiten. Rotkäppchens Großmutter wird vom Wolf gefressen, eine Hexe möchte Hänsel braten, Schneewittchen wird vergiftet. Dagegen geht es in „Drei Haselnüsse für Aschenbrödel" überraschend brav zu – allerdings nur in der verfilmten Version.

Beinahe wäre Aschenbrödel doch noch um sein Liebesglück gebracht worden. Auf der Suche nach seiner Braut lässt der Prinz alle erdenklichen Mädchen den verlorengegangenen Schuh anprobieren. Als Aschenbrödels Stiefschwester an die Reihe kommt, versucht es deren Mutter mit List. Sie schneidet der großfüßigen Dora einen Zeh ab, damit ihr der zierliche Schuh passt …

Moment! Diese Szene kommt im Film überhaupt nicht vor, oder? Genau! Regisseur Václav Vorlíček hat, mit Verlaub, eine weichgespülte Version des Märchenklassikers gedreht. Jenseits der Erniedrigungen, die Aschenbrödel über sich ergehen lassen muss, zeigt er keine weiteren Grausamkeiten. Selbst Aschenbrödels Peinigerinnen erleiden ein überraschend mildes Schicksal. Stiefmutter und Stiefschwester lässt der Regisseur zwar mit ihrem Pferdeschlitten in einen Teich stürzen. Mehr als nasse Füße holen sie sich dabei aber nicht.

Wirklich grausam geht es im grimmschen „Aschenputtel" zu. In ihrer anno 1812 veröffentlichten Urfassung beließen es die Brüder Grimm noch dabei, dass sich die beiden Stiefschwestern selbst verstümmeln. Die eine haut sich eine Ferse ab, die andere den großen Zeh. Dank der aufmerksamen Tauben wird der Schwindel alsbald enttarnt. „Rucke di guck, rucke di guck! Blut ist im Schuck. Der Schuck ist zu klein, die rechte Braut sitzt noch daheim", rufen die Vögelein. Viel mehr, als dass daraufhin die Stiefmutter und die Stiefschwestern erbleichen, erfahren wir nicht über deren weiteren Werdegang. Ganz anders liest sich die im Jahre 1819 veröffentlichte Fassung. Damals ergänzten die

Grimms ihr Märchen um eine exemplarische Bestrafung. „Als die Hochzeit mit dem Königssohn sollte gehalten werden, kamen die falschen Schwestern, wollten sich einschmeicheln und Teil an seinem Glück nehmen." Vor und nach der Trauung pickten ihnen die Tauben jeweils ein Auge aus. „So waren sie also für ihre Bosheit und Falschheit mit Blindheit auf ihr Lebtag gestraft."

Was aber wurde aus der bösen Stiefmutter? Jacob und Wilhelm Grimm sparen deren Zukunft vollkommen aus. Božena Němcová erzählt zumindest, dass sie fortan mit ihrer Tochter Dora ohne Liebe und ohne Freude leben musste.

Friedliche Tauben? Bei den Brüdern Grimm vollstrecken Aschenputtels fleißige Helfer auch eine brutale Strafe. Die Zeichnung von Jenny Nystrøm entstand ausgangs des 19. Jahrhunderts.

Die 10 schönsten Filmzitate

„Drei Haselnüsse für Aschenbrödel" schwelgt nicht nur in opulenten Bildern und gefühlvoller Filmmusik. Auch der Wortwitz kommt nicht zu kurz, wie 10 Beispiele zeigen.

„Na, du kleiner Räuber, hat's geschmeckt?"
Der erste Satz, den wir im Film aus Aschenbrödels Mund hören. Sie tätschelt ihrem Hund Kasperle den Kopf. Er hat unmittelbar zuvor der Stiefschwester eine Hühnerkeule weggeschnappt und gefressen.

„Sofort auffinden,
zurückbringen, scharf rügen!"
Der Prinz hat sich mit seinen Freunden davongestohlen, um zu jagen. Der König gibt daraufhin dem Hauslehrer präzise Anweisungen, korrigiert sich dann aber zum Teil. Zumindest das Rügen möchte er selbst übernehmen.

„Ein Hühnchen ohne Federn."
Der Prinz und seine Freunde machen sich während ihrer ersten Begegnung über Aschenbrödel lustig. Sie fragen sich, ob das Mädchen mit ihnen raufen möchte oder gar den Po versohlt bekommen sollte. Aschenbrödel hält gegen: „Da könnt ihr warten, bis ihr schwarz werdet, Dummköpfe."

„Er hat sich auf der Reise beim Studium der
Schönheiten der Natur aufgehalten."
Was für eine zweideutige Bemerkung des Königs. Aschenbrödels Stiefmutter hat sich bei ihm nach dem Verbleib des Prinzen erkundigt. Dass der junge Mann gerade erst die wahre Schönheit des Böhmerwaldes kennengelernt hat, ahnen zu diesem Zeitpunkt weder König noch Stiefmutter.

„Sogar jedes kleine Mädchen kann das."
Ist Aschenbrödel in der Lage, einen Zapfen aus der Spitze einer Fichte zu schießen? Es bleibt den Beweis für seine schnippisch anmutende Antwort nicht schuldig.

„Mir lässt du lauter unbekannte Miezen vorführen."
Zu Beginn des Balls werden der königlichen Familie alle Gäste vorgestellt. Der Prinz protestiert angesichts dieser nicht enden wollenden Brautschau bei seinem Vater. Tatsächlich wird er im Verlaufe des Abends dem Liebreiz der einzigen ihm „unbekannten Mieze" erliegen.

„Wie ich sehe, habe ich bisher den Geschmack des Prinzen überhaupt nicht gekannt."
Der König kommentiert den ersten Tanz des Prinzen süffisant. Der Name der Tanzpartnerin täuscht: Kleinröschen ist ein kurvenreiches Vollweib, das sogleich die Führung übernimmt.

„Nur kein Mitleid!"
Der Prinz hat im Verlauf des Abends bereits mit etlichen jungen Damen tanzen müssen. Die Königin möchte ihren Sohn erlösen und ihm eine Ruhepause gönnen. Doch der König hält gegen: Er wittert die Chance, den widerspenstigen Prinzen für immer und ewig zu disziplinieren.

„Mach nur, dass du verschwindest, du elender Hanswurst!"
Eine Köchin kann es kaum fassen: Da hat sich doch wirklich ein Küchenjunge als Magd verkleidet. Er möchte sich in die Schar jener Frauen einreihen, die den verlorengegangenen Schuh probieren sollen.

„Das ist ja ein Brautkleid."
Aschenbrödel kommt aus dem Staunen nicht mehr heraus, als es die dritte Haselnuss öffnet …

Aus der Zeit gefallen

Wann spielt der Aschenbrödel-Film eigentlich? Die Angabe „Es war einmal" ist reichlich unpräzise. Auch ein „Wenn sie nicht gestorben sind, so leben sie noch heute" ist nicht zielführend. Könnten bei der Datierung die Kostüme weiterhelfen? Versuchen wir es …

Am 22. Februar 2014 schlenderte ein Pärchen händchenhaltend durch Schloss Moritzburg und bestaunte die Aschenbrödel-Ausstellung. Mehr als 500.000 Menschen hatten es den beiden bereits gleichgetan. Doch bei diesem Pärchen handelte es sich um ganz besondere Liebhaber des Films. Kurz nach ihrem Besuch stellte sich heraus, dass eine originalgetreue Kopie von Aschenbrödels Ballkleid verschwunden war. Überwachungskameras zeigten, dass die junge Frau und ihr Begleiter die Räume mit einer offenkundig leeren Tasche betreten sowie mit einer prall gefüllten Tasche verlassen hatten.

Das mit Strass und Pailletten verzierte Gewand gehörte zu einer interaktiven Installation. Sie führte Besuchern vor Augen, wie das Kleid aus einer Haselnuss herausgezaubert wird. Nun also war es weniger märchenhaft in eine Tasche gestopft worden.

Mit großem Aufwand hatten die Ausstellungsmacher zahlreiche Kostüme und Requisiten aus den Studios in Prag und Babelsberg zusammengetragen. Ein Erfurter Sammler steuerte ein originales Kleid aus der Ballszene bei. Gerade die Kostüme sind für Fans nicht nur des Anschauens wert. Sie ermöglichen zugleich, eine Zeitreise zu unternehmen. Wenn wir wissen, wann bestimmte Gewänder in Mode waren, dann wissen wir auch, in welcher Zeit unser aller Aschenbrödel gelebt hat.

> Aschenbrödels rosafarben-hellblaues Ballkleid war 2014 in Moritzburg gestohlen worden. Das Foto entstand im Jahr zuvor in der Ausstellung.

Steffen Retzlaff ist einer der Kuratoren der Moritzburger Ausstellung. Er hat versucht, die Kleidung zeitlich einzuordnen – und er ist dabei auf ein Phänomen gestoßen. Die Darsteller tragen einen unglaublichen Stilmix, sozusagen ein Patchwork aus der Zeit des 14. bis 16. Jahrhunderts.

Beginnen wir bei den Männern. Strumpfhosen, wie sie der Prinz trägt, sind eine Anleihe aus der burgundischen Mode des späten 15. Jahrhunderts. Allerdings, so betont Retzlaff, waren enge Hosen sowie um die Hüften gegürtete, kurze Röcke schon im 14. Jahrhundert in Böhmen üblich. Auch die extravagante Hutmode der Frauen sowie die Schleppen und Schleier deuten auf burgundische Vorbilder hin. Derweil wurde Aschenbrödels Jäger-

hose nach italienischem Vorbild geschneidert. Auch kostbare Brokatstoffe deuten auf die Mode der italienischen Renaissance des 16. Jahrhunderts hin. Offenbar haben die Kostümbildner ihrer Fantasie freien Lauf lassen dürfen.

Für „Aschenbrödel"-Fans muss dieser modische Mix nichts Schlechtes bedeuten. Er verweist indirekt darauf, wie universell das Märchen ist. Die Geschichte von Aschenputtel alias Cendrillon alias Cenerentola wird sich seit Jahrhunderten auch in Frankreich und Italien erzählt. Wer es dennoch sehr genau mit einer Datierung nehmen möchte, wird sich jenseits der eigenwilligen Mode alsbald mit einem architekturhistorischen Problem konfrontiert sehen. Der Prinz lebt auf Schloss Moritzburg. Dessen Baugeschichte ist exakt überliefert. In seiner jetzigen Gestalt entstand das Ensemble im frühen 18. Jahrhundert, also rund 200 Jahre, nachdem die Gewänder der Märchenfiguren en vogue waren.

Wann also spielt das Märchen wirklich? Kommt es darauf überhaupt an? Wichtig ist eigentlich nur eines, und das ist das Happy End. Ein solches gibt es nicht nur im Film, sondern auch im Fall des gestohlenen Ballkleids. Drei Monate nach dem Diebeszug lieferte ein Bote bei der Schlossverwaltung ein Paket ab. In ihm steckte Aschenbrödels festliches Gewand. Entweder hatten die Diebe tiefe Reue empfunden oder aber sie scheuten das Risiko, das berühmte Kleid zu versilbern. So oder so – bedanken konnten sich die Moritzburger nicht. Das Paket war anonym verschickt worden.

Der namenlose Prinz

Er trägt kecke Hütchen, ein buntes Wams sowie farbenfrohe Leggins. Auch ansonsten scheint Aschenbrödels Prinz überhaupt nicht in das Klischee jener Männer zu passen, die wir von neuzeitlichen Kuppelshows kennen. Ist der Prinz vielleicht sogar der bessere Bachelor?

Alle Jahre wieder flimmert „Der Bachelor" über die Fernsehbildschirme. Trotz stetig neuer Darsteller ist der Plot der Kuppelsendung stets der gleiche: Ein Junggeselle darf aus 20 meist jüngeren Frauen seine Favoritin erwählen. Natürlich fällt seine Entscheidung nicht sofort, sondern Woche um Woche in der Nacht der Rosen. Immer kleiner und kleiner wird der Kreis der Damen, ehe der Bachelor der letzten Verbliebenen seine Liebe gesteht – oder aber zumindest so tut, als sei er über beide Ohren in sie verknallt.

Da hat es Aschenbrödels Prinz ungleich schwerer. Ein einziger Tanzabend soll zur Brautschau ausreichen. Der Ball beginnt mit einem Defilee, wie wir es auch vom „Bachelor" kennen. Allerlei Jungfrauen aus des Königs Reich stellen sich vor, etwa die drei Töchter der Baronin von Eck sowie die adelige Minka und die hochwohlgeborene Hulda. Allerdings vermag der Prinz in all den Mädchen nur dahergelaufene Schnepfen zu entdecken, die er partout nicht heiraten mag. Derart offene, man könnte auch sagen: entblößende Worte hören wir vom Bachelor eher selten.

Befremdlich ist das Frauenbild des Prinzen ohnehin. Er versucht nicht einmal, seine Auserwählte näher kennenzulernen. Es sind allein deren Anmut und Schönheit, die ihn binnen weniger Momente um die Hand der Unbekannten anhalten lassen. Mit anderen Worten: Für ihn zählt allein weibliche Attraktivität, sie und nur sie wird mit Ehe belohnt. Dazu passt, dass es der Bursche nicht als notwendig erachtet, sich während des Films namentlich vorzustellen. Er ist und bleibt der Prinz, er ist und bleibt Hoheit.

AHA!

Wie sich die Bilder doch gleichen. Auf einem Schimmel ist Aschenbrödel-Darstellerin Libuše Safránková auch in „Der dritte Prinz" zu erleben.

Wer ist wer?

Zum Ensemble des „Aschenbrödel"-Films gehörten nicht nur zwei blutjunge Hauptdarsteller, sondern auch gestandene Schauspieler. Wer verkörpert wen? Und was ist aus den Mimen nach „Drei Haselnüsse für Aschenbrödel" geworden?

DAS ASCHENBRÖDEL. Libuše Šafránková (1953–2021)

Um die Besetzung der Hauptrolle rankt sich eine Legende. Václav Vorlíček soll Hunderte Frauen für die Rolle des Aschenbrödels gecastet haben, manch Quelle berichtet sogar von bis zu 2000. Stimmt's? Nachprüfen lässt es sich nicht. Als unstrittig gilt, dass der Regisseur lange nach einer geeigneten Schauspielerin gesucht hat. Schließlich erinnerte sich Vorlíček an die Verfilmung eines anderen Literaturklassikers von Božena Němcová, an „Babička". In diesem Film hatte Libuše Šafránková ihr Debüt gegeben.

Nach „Aschenbrödel" wurde die Schauspielerin immer wieder als Prinzessin in tschechischen Märchenfilmen eingesetzt. Herausragend in ihrer Filmografie ist „Kolya". Der gesellschaftskritische Spielfilm gewann 1997 den Oscar als bester fremdsprachiger Film.

2014 erkrankte die Schauspielerin an Krebs und zog sich daraufhin aus der Öffentlichkeit zurück. Als ihr 2015 der tschechische Staatsorden Weißer Löwe überreicht werden sollte, musste sie sich wegen ihres Gesundheitszustands von ihrer Schwester vertreten lassen.

DER PRINZ. Pavel Trávníček (*1950)

„Drei Haselnüsse für Aschenbrödel" war erst sein zweites Engagement. Zuvor hatte er in einem Studentenfilm mitgewirkt. 1982 standen er und Libuše Šafránková erneut gemeinsam als Prinz und Prinzessin vor der Kamera – für „Der dritte Prinz". Große Filmerfolge blieben ihm danach verwehrt. Trávníček versuchte sich als Komödiant am Theater, als Fernsehmoderator sowie als Synchronsprecher. Für Schlagzeilen in seinem Heimatland sorgte er auch mit seinem Privatleben. Aschenbrödels Traumprinz ging im Jahr 2015 seine bereits vierte echte Ehe ein.

Die Stiefmutter. Carola Braunbock (1924–1978)
Die in Böhmen geborene Schauspielerin begann ihre Karriere 1950 am Berliner Ensemble, das von Bertolt Brecht und Helene Weigel geleitet wurde. Sie blieb dem Theater viele Jahre treu, wirkte aber immer wieder auch in Kino- und Fernsehproduktionen der DDR mit. 1951 übernahm sie in der Verfilmung von Heinrich Manns Roman „Der Untertan" die Rolle der Emmi Heßling, Schwester des Titelhelden. Vor und auch nach dem „Aschenbrödel"-Film spielte Braunbock in der Serie „Polizeiruf 110".

Die Stiefschwester Dora. Dana Hlaváčová (*1945)
Bereits vier Jahre vor „Drei Haselnüsse für Aschenbrödel" stand die Tschechin im Filmmusical „Popelka" (Aschenbrödel) vor der Kamera – als eine von zwei Stiefschwestern, als Dorata. In späteren Jahren wurde Dana Hlaváčová vor allem für Fernsehserien gebucht.

Der König. Rolf Hoppe (1930–2018)
Der gebürtige Thüringer ist zweifelsohne der bekannteste und erfolgreichste Schauspieler aus dem „Aschenbrödel"-Ensemble. Er füllte mehr als 400 Film- und Bühnenrollen aus. In der DDR galt er zeitweise als Bösewicht vom Dienst: Er spielte Schurken aus dem Wilden Westen ebenso wie Nazis. Dabei hatte alles ganz anders begonnen. Der Sohn eines Bäckers sollte ebenfalls Bäcker werden, wünschte sich aber selbst nichts sehnlicher, als Clown zu sein. Schließlich nahm er ein Schauspielstudium sowie 1950 sein erstes Engagement in Erfurt auf.

Weltbekannt wurde Rolf Hoppe mit dem 1981 gedrehten Spielfilm „Mephisto", der im Folgejahr einen Oscar als bester fremdsprachiger Film gewinnen konnte. In ihm verkörperte er Hermann Göring. Sein Filmpartner Klaus Maria Brandauer sagte über Hoppe: „Als Schauspieler ist er ein gefährliches Raubtier, das auf ganz samtenen, leisen Pfoten daherkommt. Und man kann bei ihm nie sicher sein, wie die nächste Sekunde ausschaut."

DIE KÖNIGIN. Karin Lesch (*1935)
Als Müllerstochter, die angeblich Stroh zu Gold spinnen konnte und die daraufhin vom König geheiratet wird, spielte sie bereits 1960 in einem Märchenfilm der Defa mit. „Das Zaubermännchen" war nach Motiven von „Rumpelstilzchen" entstanden. Im Falle von Aschenbrödel hatte sich der als König bereits gesetzte Rolf Hoppe ausdrücklich Karin Lesch als Königin an seiner Seite gewünscht. Beide kannten sich von der Zusammenarbeit am Staatstheater Dresden. Dort spielten Hoppe und Lesch wiederholt unter Regie des späteren Defa-Generaldirektors Hans Dieter Mäde. Dieser wurde wiederum zu Leschs Ehemann. Sie kehrte nach ihrem „Aschenbrödel"-Engagement wieder ans Theater zurück.

DER PRÄZEPTOR. Jan Libíček (1931–1974)
Im Theater sowie im Film war er in vielen Nebenrollen zu sehen. Mit dem „Aschenbrödel"-Regisseur Václav Vorlíček hatte er bereits zuvor zusammengearbeitet – beim Dreh von „Das Mädchen auf dem Besenstiel".

VINZEK. Vladimír Menšik (1929–1988)
Die Rolle des gutherzigen Knechts war ihm auf den Leib geschrieben. In ähnlich komödiantisch veranlagten Rollen trat er auch im Märchenfilm „Das Mädchen auf dem Besenstiel" und in der Fernsehserie „Pan Tau" auf.

KLEINRÖSCHEN. Helena Růžičková (1936–2004)
DER KÜCHENJUNGE. Jiří Růžička (1956–1999)
Im wahren Leben waren sie Mutter und Sohn. Sie standen in Jiřís zweitem Lebensjahr erstmals gemeinsam vor der Kamera. Im „Aschenbrödel"-Film warben beide in ihren Filmrollen um die Gunst des Prinzen. Kleinröschen tanzt mit ihm auf dem Ball, der Küchenjunge bietet seinen Fuß scherzhaft zur Schuhprobe an. Beide blieben auch darüber hinaus auf komödiantische Rollen festgelegt.

DER HOFNARR. Jiři Krytinář (1947–2015)
Seine Kleinwüchsigkeit prädestinierte ihn für Rollen als Narr oder auch Zwerg. Sein Lebensmotto lautete: Habe Spaß, sei nett zu dir selbst, sei du selbst. In „Der dritte Prinz" spielte er erneut an der Seite der beiden „Aschenbrödel"-Hauptdarsteller. 1984 erhielt er eine Nebenrolle in „Amadeus"; der Spielfilm gewann acht Oscars, darunter in der Kategorie Bester Film.

„Drei Haselnüsse für Aschenbrödel" in drei Zahlen

35 Millimeter
breit ist der Filmstreifen,
auf dem „Drei Haselnüsse für Aschenbrödel" aufgenommen
worden ist. Im 20. Jahrhundert war dies
das geläufigste Format für Kinofilme.
Die belichteten Einzelbilder sind allerdings
rund einen Zentimeter schmaler, da
ja auch Perforation und Tonspur auf dem
Filmstreifen untergebracht sind.

2354 Meter
ist der geschnittene Kinofilm lang.
Seine Laufzeit liegt bei 86 Minuten.
Die Fernsehfassung fällt minimal kürzer aus.

16-mal
wurde „Drei Haselnüsse für Aschenbrödel"
in der Weihnachtszeit 2020 von Deutschlands
öffentlich-rechtlichen Fernsehsendern ausgestrahlt.
Fünf Sendetermine lagen am Heiligen Abend.
Die Anzahl der Ausstrahlungen ist seit
Jahren weitgehend konstant.

POPULÄRER IRRTUM

Männlein oder Weiblein?

Welches Geschlecht hat Aschenbrödel? Was für eine überflüssige Frage, natürlich weiblich. Ach ja? Im Märchenfilm mag die Antwort offensichtlich sein. Ganz anders hält es der Duden fest: Das Substantiv ‚Aschenbrödel' ist laut ihm ein Neutrum. Doch es gibt noch eine dritte Antwortmöglichkeit.

Begeben wir uns auf eine Zeitreise. Sie führt 500 Jahre zurück in ein Deutschland, in dem eine babylonische Sprachverwirrung herrscht. Nicht nur zahlreiche Dialekte und Mundarten machen es den Menschen schwer, sich zu verständigen. Auch das Fehlen einer einheitlichen Schriftsprache trägt dazu bei. In jener Zeit schickt sich Martin Luther an, mit seiner Bibelübersetzung und anderen Schriften das moderne Deutsch zu begründen. Seine Forderung, man müsse dem Volk aufs Maul schauen, ist legendär. Für Luther bedeutet dies aber keineswegs sich einer inhaltlich flachen Sprache zu bedienen. Vielmehr hat er ein anschauliches Deutsch im Sinn. Er lässt sich von einer einfachen Maßgabe leiten: Wer verstanden werden will, muss sich anschaulich ausdrücken. Das klingt für uns selbstverständlich. Damals ist diese Haltung revolutionär.

Luther bereichert in den 1520er und 1530er Jahren die deutsche Sprache mit zahlreichen Redewendungen und Wortschöpfungen. Viele von ihnen gebrauchen wir noch immer. Wir sind guten Mutes. Wir schütten jemandem unser Herz aus. Manches gibt es wie Sand am Meer. Wir halten unsere Zunge im Zaum. Wir wissen: Wer Wind sät, wird Sturm ernten. Auch wenn jemand die Haare zu Berge stehen, zitieren wir Luther. Nicht zu vergessen den Wolf im Schafspelz, die Herzenslust und den Feuereifer. Was aber hat dies alles mit Aschenbrödel zu tun – und mit der Frage nach dessen Geschlecht? Geneigte Leser ahnen es gewiss. Auch Luther führte diesen Namen oft im Mund. Immerhin 58-mal taucht ‚Aschenbrödel' in seinen Schriften auf.

Lucas Cranach verewigte Luther
als Junker Jörg während seines Aufenthalts
auf der Wartburg 1521/22.
In jenem Jahr sprach Luther von sich
als Aschenbrödel.

Natürlich erzählt der Reformator nicht das Märchen vom Aschenbrödel, sondern biblische Geschichten. In ihnen verwendet er diesen Begriff immer wieder als ein leicht verständliches Synonym. Unter einem Aschenbrödel versteht er Menschen von niederem Stand, die verachtet und benachteiligt werden. Zu Luthers Lebzeiten ist ein Aschenbrödel aber auch eine Berufsbezeichnung. Küchenjungen, die für das Heizen und Reinigen der Feuerstellen zuständig sind, werden so genannt. Es fällt auf, dass Luther das magische A-Wort gern dann zitiert, wenn er von sich gegenüberstehenden Menschen bzw. Menschengruppen spricht. Kain erschlägt Abel, den Luther unter anderem ein „Asschenbrüdel" nennt. Jakob und Esau sind ebenfalls Brüder, der Erstgenannte ordnet sich dem anderen unter. Er ist laut Luther ein „aschenbrotl", an anderer Stelle nennt er ihn „aschenbrödel". Auch das Verhältnis zwischen Loth und den Männern der Stadt Sodom beschreibt Martin Luther derart: „Er hat ein Aschenbrodel mussen sein." Schließlich lässt er Lea, die Schwester von Rachel klagen: „Ich bin gehasset und mus das creutz tragen und asschenbrödel sein."

Ein Aschenbrödel trägt das Kreuz. Oha! Luther wäre vermutlich nicht Luther, wenn er dieses eingängige Sprachbild nicht auch an anderer Stelle auf die Christenheit gemünzt hätte. In seiner Kirchenpostille aus dem Jahre 1522 vergleicht er die Papstkirche mit den wahren Christenmenschen. Papst, Bischöfe und Gelehrte, so schreibt er, erachten alle anderen Gläubigen als „aschenprodel". Diese Verachtung, so hält er in der gleichen Schrift fest, träfe auch ihn persönlich. Die Jünger des Papstes würden lästern und ihn als „asschen proddel" schmähen.

Und die Moral von der Geschicht'? Dank Luther als Kronzeugen dürfen wir felsenfest behaupten: Männer wie Frauen können gleichermaßen ein Aschenbrödel sein. Gut möglich, dass das zum Neutrum erklärte Substantiv sogar als Musterbeispiel für eine gendergerechte Sprache taugt. Märchen, so wissen wir, gehen immer gut aus. Doch gilt dies auch für den erbittert geführten Streit zwischen Sprachtraditionalisten und emanzipatorischen Reformern?

Das Hollywood der DDR

„Drei Haselnüsse für Aschenbrödel" ist eine Gemeinschaftsproduktion der ostdeutschen Defa und des tschechischen Studios Barrandov. An den Standorten beider Firmen entstehen noch immer Filme.

Der Mann, den ich töten werde. Im Frühjahr 1946 begannen unter diesem Arbeitstitel die Dreharbeiten für den ersten Spielfilm der deutschen Nachkriegsgeschichte. Er erzählt von einem Militärarzt namens Hans, der im zerstörten Berlin einem Kriegsverbrecher wiederbegegnet. 121 polnische Zivilisten hatte Hans' einstiger Kriegskamerad erschießen lassen. Hans möchte ihn selbst richten. Doch es kommt nicht zur Selbstjustiz. Der Kriegsverbrecher gelangt – politisch korrekt – vor Gericht; und der Film erhielt aus ebendiesem Grund einen anderen Namen.

Mit „Die Mörder sind unter uns" begann die Geschichte der Defa, der Deutschen Film AG. Sie wurde am 17. Mai 1946 gegründet, also mehr als drei Jahre vor der DDR. Der eigentliche Kinobetrieb in der sowjetischen Besatzungszone hatte zu diesem Zeitpunkt längst begonnen. Der Filmverleih Sojusintorgkino sorgte bereits unmittelbar nach Kriegsende für die Öffnung der Lichtspielhäuser. Gezeigt wurden zunächst sowjetische Dokumentar- und Spielfilme. Im Januar 1945 erfolgten die ersten Aufnahmen für die legendär werdende Wochenschau „Der Augenzeuge" bei einem Boxkampf im Berliner Friedrichstadt-Palast. Einen Monat später erlebte „Der Augenzeuge" seine Kinopremiere unter dem Motto: „Sie sehen selbst, Sie hören selbst, urteilen Sie selbst". Erst zum Jahresende 1980 wurde die Wochenschau eingestellt.

Die Filmemacher der Defa konnten auf dem Fundus der bereits 1919 gegründeten Ufa (Universum Film AG) aufbauen. Die Babelsberger Ufa-Studios gingen auf Geheiß der Militärregierung an die Defa über. Eine überaus wechselvolle Geschichte sollte bis zum Ende der DDR folgen, gefüllt mit wunderbaren Filmen und proppenvollen Filmtheatern, aber auch mit Enttäuschungen bis hin zum Verbot missliebiger Filmproduktionen durch die Staatsmacht. Bezeichnend dafür ist eine Szene aus „Spur der Steine". Brigadier Balla (Manfred Krug) möchte eine Kollegin zu einem Rendezvous einladen. Mit ihnen, so sagt er, würde ich mir sogar einen Defa-Film angucken. Rückblickend besitzt der Satz eine Doppeldeutigkeit ohnegleichen. Allein 1965/66 waren zwölf Defa-Spielfilme verboten worden, darunter „Spur der Steine".

Alles in allem hat die Defa etwa 700 Spielfilme sowie 2000 Dokumentarfilme produziert. Mitunter vergingen nur Wochen, bis ein Kinofilm im Fernsehen der DDR zu sehen war. Häufig produzierte die aufs Kino spezialisierte Defa sogar eigens fürs Fernsehen. Das Ganze funktionierte aber auch umgekehrt: Fernsehfilme gelangten auf die Leinwand.

Im Zuge der deutschen Einheit wurde die Defa an einen französischen Konzern verkauft. Das Unternehmen firmiert seitdem als Studio Babelsberg. Die Rechte an den Defa-Filmen wahrt eine 1998 von der Bundesrepublik eingerichtete Stiftung.

Die Barrandov-Studios

... wurden 1931 von Miloš und Václav Havel in einem Prager Vorort gegründet. Václav war Vater des gleichnamigen späteren Menschenrechtlers und Staatspräsidenten. Er wollte eine Filmstadt nach amerikanischem Vorbild errichten, inklusive Villen für die Stars. 1933 entstand der erste eigene Film, ein Krimi. 1948 wurden die Studios verstaatlicht. In den 1960er und -70er Jahren galt Barrandov als das Hollywood der Kinder- und Märchenfilme. Mit dem Sturz des Kommunismus 1989/90 starteten die Studios wieder in die Privatwirtschaft. Barrandov ist, ebenso wie das Babelsberger Studio, weiterhin ein international gefragter Produktionspartner.

POPULÄRER IRRTUM

Kleiner Muck und kaltes Herz

Der anhaltende Erfolg des Aschenbrödel-Films wirft die Frage auf, wie es in der DDR um die Resonanz bestellt war. Gewiss drängelten sich die Besucher hier vor den Leinwänden ... Von wegen!

„Wohltuend hebt sich ‚Drei Haselnüsse für Aschenbrödel' von manch anderem Defa-Märchenfilm der letzten Jahre ab." Kaum war der Streifen im März 1973 in der DDR angelaufen, überboten sich bereits die Rezensenten mit Lobeshymnen. „Der kleine Kinogast kann sich leicht mit Aschenbrödel identifizieren, kann von ihm lernen, wie man kämpfen muss: mit Mut, mit Beharrlichkeit, mit Zielstrebigkeit und einem festen Willen", hieß es in der Thüringer Tageszeitung „Freies Wort". Die „Liberal-Demokratische Zeitung" ergänzte: „Aber es ist auch ein Film voller Humor (...), der auch Erwachsenen Freude macht". Der bei Cineasten beliebte „Filmspiegel" hielt fest: „Die den meisten Märchen innewohnende Grausamkeit und ein soziales Ideal, das unseren heutigen Erkenntnissen diametral entgegengesetzt ist, bringt Autoren und Regisseure immer wieder in Konflikte. Wie man diese Aufgaben lösen kann, ohne die Substanz des Überkommenen, Bewahrenswerten anzugreifen und dennoch die Aufnahme für den heutigen Zuschauer zu erleichtern, bewiesen in vorbildlicher Weise die Autorin Bohumila Zelenková und Regisseur Václav Vorlíček."

Tatsächlich strömten im ersten Jahr rund 800.000 Zuschauer in die Lichtspielhäuser der DDR. Danach verebbte der Zuspruch. „Drei Haselnüsse für Aschenbrödel" vermochte die magische Grenze von 3 Millionen nicht zu durchbrechen. Immerhin 49 Defa-Filmen war dies gelungen, darunter 10 Märchen. Mit „Das kalte Herz" hatte 1950 die Geschichte der Defa-Märchen begonnen. Fast 10 Millionen zog es in die Kinos. Damals gab es in der DDR 18,5 Millionen Einwohner. Mehr Zuspruch fand nur ein einziger weiterer Kinofilm; auch er war ein Märchen. „Die Geschichte vom kleinen Muck" erlebten 13 Millionen.

Das Märchenschloss

Was verbindet „Drei Haselnüsse für Aschenbrödel" jenseits der Zahlenangabe mit dem Actionfilm „3 Engel für Charlie"? Beide Filme wurden nahe Dresden gedreht, auf Schloss Moritzburg. Das barocke Ensemble gehört zu den schönsten Wasserschlössern Deutschlands.

Alles begann 1971. In jenem Jahr drehte die Defa auf Schloss Moritzburg erstmals ein Märchen. In „Sechse kommen durch die Welt" wohnen ein geiziger König und seine hochnäsige Tochter in dem barocken Gemäuer. Ein Jahr später wurde Moritzburg erneut zum Set, nun für „Drei Haselnüsse für Aschenbrödel". Wieder war es eine königliche Familie, die hier leben durfte, der Herrscher, seine Frau und mit ihnen der Prinz.

Tatsächlich ist das Schloss ein königliches. August der Starke, Kurfürst von Sachsen und König von Polen, hatte das prunkvolle Jagd- und Lustschloss ab 1723 errichten lassen. Das zuvor an gleicher Stelle befindliche Jagdhaus war gute 200 Jahre zuvor im Stil der Renaissance entstanden; dessen Bauherr war der sächsische Herzog Moritz. Das nach ihm benannte Schloss besticht bereits durch seine Lage. Es steht auf einer künstlichen Insel inmitten eines großen Teichs. Ein üppiger Schlosspark und ein wildreicher Wald schließen sich an. Opulente Feste und Jagden fanden dereinst vor dieser Kulisse statt. Auch während Bootspartien vergnügte man sich gern. Eigentlich hätte das Schloss für den Ball im „Aschenbrödel"-Film eine perfekte Bühne abgeben können. Doch ausgerechnet diese Szenen wurden nicht im Schloss gedreht. Die Aufnahmen entstanden vielmehr in den Babelsberger Defa-Studios.

Authentisch ist dagegen jene Treppe, auf der Aschenbrödel seinen Schuh verloren hat. Ein goldfarbener Schuh markiert die Stelle für immer und ewig. Manch Hochzeitsantrag wurde hier bereits vorgetragen, auch schwören sich Paare angesichts des

Schuhs gern die Treue. „Aschenbrödel"-Fans werden aber auch im Schloss fündig. Eine Ausstellung erzählt Hintergründiges zum Märchenfilm und präsentiert Kostüme.

Den anderen hier gedrehten Filmen wurde diese Ehre bislang nicht zuteil. Dazu gehört auch das 1989 produzierte Märchen „Aschenputtel". Im Gegensatz zu „Drei Haselnüsse für Aschenbrödel" folgt dieser Film weitgehend der literarischen Vorlage der Brüder Grimm. 15 Jahre später entstand „Eine Prinzessin zum Verlieben" teilweise auf Schloss Moritzburg. Die Komödie erzählt von amourösen Verwicklungen an heutigen Adelshäusern. Hollywood hielt derweil 2018 Hof in dem Barockschloss. Mit „3 Engel für Charlie" schloss sich gewissermaßen der Kreis zu „Aschenbrödel". Das Remake des amerikanischen Kultfilms wurde zwar von Sony Pictures verantwortet, dies geschah freilich in enger Zusammenarbeit mit dem Studio Babelsberg. Letzteres ist seit seiner Gründung im Jahr 1912 nicht nur das älteste Großatelier-Filmstudio der Welt, sondern war auch Koproduzent von „Drei Haselnüsse für Aschenbrödel".

Ein güldener Schuh markiert jene Stelle auf Schloss Moritzburg, an der das flüchtende Aschenbrödel seinen Pantoffel verloren hat.

Burg Švihov ist teilweise von Wassergräben umgeben. Im Film sind sie nicht zu sehen.

Aschenbrödels Zuhause

Der Märchenfilm erzählt gleich zu Beginn vom geschäftigen Treiben auf einem Gutshof. Hier lebt Aschenbrödel mit Stiefmutter und Stiefschwester sowie zahlreichen Bediensteten. Die Szenen wurden auf einer mehr als 500 Jahre alten Wasserburg gedreht.

Aschenbrödel stammt keineswegs aus armen Verhältnissen. Der Film führt ein überraschend stattliches Anwesen der Familie vor Augen. Hohe Mauern umgeben den Gutshof, zu dem Wohn- und Wirtschaftsgebäude gehören. Dass es sich bei dem Ensemble sogar um eine Wasserburg handelt, ist im Märchen allerdings nicht zu erkennen.

Ausgangs des 16. Jahrhunderts wurde Burg Švihov (deutsch: Schwihau) am Rande des gleichnamigen Orts erbaut. Švihov liegt in Böhmen und gehört zur Region Plzeň. Der Bauherr ließ seine Burg am Ufer eines Flüsschens errichten. Zusätzliche Wassergräben sollten ihre Wehrhaftigkeit erhöhen. Wie viele andere Burgen in Mitteleuropa büßte Švihov spätestens zu Zeiten des Dreißigjährigen Kriegs (1618–1648) immer mehr an Bedeutung ein. Nennenswerten militärischen Widerstand konnten kleinere Burgen kaum noch leisten. Zudem verloren deren Besitzer oft das Interesse an den wenig komfortablen Wohnbedingungen.

Trotz des folgenden Teilabrisses konnte sich Burg Švihov einen Großteil ihres ursprünglichen Charakters bewahren. Das machte die Burg auch als Filmkulisse interessant. Nicht nur „Drei Haselnüsse für Aschenbrödel" wurde hier verfilmt, sondern auch weitere Märchen.

Die Wasserburg wird mittlerweile touristisch genutzt. Unter anderem gehören Führungen in Aschenbrödels wahres Reich zum Programm: Besucher dürfen sowohl eine uralte Backstube als auch die Burgküche besichtigen. Wer's gern märchenhaft mag, kann sich außerdem an Kostümen aus dem Film sowie an nachgestellten Szenenbildern erfreuen.

POPULÄRER IRRTUM

Konspiratives Meisterstück

Wer hat das Drehbuch von „Drei Haselnüsse für Aschenbrödel" geschrieben? Der Vorspann des Films gibt die Antwort: Bohumila Zelenková. So weit, so gut, könnte man meinen …

1977 begann in der ČSSR mit einem Paukenschlag. Am 6. Januar veröffentlichten 242 Kulturschaffende einen Brief, der als Charta 77 in die Geschichte einging. Sie forderten die Einhaltung der Menschenrechte ein. So heißt es mit Bezug auf die von der ČSSR unterzeichnete Schlussakte von Helsinki: „Völlige Illusion ist zum Beispiel das Recht auf freie Meinungsäußerung, das durch den Artikel 19 der Schlussakte garantiert wird. Mehreren Zehntausend unserer Bürger wird es unmöglich gemacht, in ihrem Fach zu arbeiten, nur weil sie andere Ansichten vertreten als die offiziellen." Prominentester Vertreter der Charta war Václav Havel, der spätere Staatspräsident.

Zu den Erstunterzeichnern gehörte František Pavlíček. Der Drehbuchautor wusste aus eigener Erfahrung, was mit den in der Erklärung thematisierten Berufsverboten gemeint war. Wegen seines Engagements im Prager Frühling (1968) durfte er nicht mehr als Autor tätig sein. Trotzdem schrieb František Pavlíček im Verborgenen weiter, schließlich verfasste er auch das Drehbuch für „Tři oříšky pro Popelku". Damit seine Vorlage genutzt werden konnte, bediente sich ein äußerst kleiner Kreis von Eingeweihten eines konspirativen Meisterstücks. Offiziell verantwortete die Theaterdramaturgin Bohumila Zelenková das Drehbuch; sie war eine stille Verehrerin Pavlíčeks. Sie erinnerte sich Jahre später: „Absolute Geheimhaltung war Bedingung – sonst drohte für alle Beteiligten eine Strafe. Anständige Leute versuchten nicht herauszufinden, wer der wahre Autor war. Pavlíček und ich haben vereinbart, mir eine umfassende Vollmacht zur weiteren Bearbeitung zu erteilen. So habe ich seine blumige Rede geändert. Das war nicht mein Stil und würde auffallen."

Jene, die Gott gehört

Božena Němcová war nur ein kurzes, gleichwohl intensives Leben vergönnt. In Tschechien ist die Aschenbrödel-Autorin vor allem wegen des autobiografisch geprägten Romans „Babička" beliebt.

Mysterien, so heißt es, gedeihen am besten auf dem Nährboden einer lückenhaften Dokumentation. Insofern dürfte es um die Geburt von Božena Němcová eigentlich keinerlei Geheimnisse geben. Immerhin weist das Taufbuch der Wiener Alserkirche aus, dass Barbara Nowotny, so ihr Geburtsname, am 5. Februar 1820 getauft worden ist. Nach damaligen Gepflogenheiten müsste sie also am Vortag geboren worden sein, eventuell auch einige Tage zuvor.

Doch kann das überhaupt stimmen? Und falls ja: Wieso besuchte Barbara bereits als Vierjährige die Schule? Oder war sie eventuell zwei Jahre älter, als es ihr Taufeintrag vermuten lässt?

Immer wieder haben Forscher versucht, das eventuelle Geheimnis der Němcová zu lüften. Wirklich geglückt ist es nie; eventuell gab es aber auch nichts zu entdecken. Eine gern zitierte Theorie besagt, dass Barbara die Tochter einer Hofdame Napoleons war, die sowohl den französischen Außenminister als auch einen österreichischen Staatsmann zum Geliebten hatte. Mitunter werden als Vater sogar der russische Zar Alexander oder Fürst Metternich ins Spiel gebracht. Die Geburt sei natürlich verheimlicht worden. Im Alter von zwei Jahren wurde das Mädchen demnach von der Wiener Waschfrau Theresia Nowotny als Kind angenommen. Wenig später zog Theresia nach Böhmen und heiratete einen Kutscher. Das Kind wurde maßgeblich von der Großmutter aufgezogen.

Unzweifelhaft steht fest: Ihre Kindheit verbrachte Barbara in Ratibořice und Česká Skalice. Beide Orte sollten in ihrem späteren literarischen Werk noch eine große Rolle spielen. 1837 hei-

Diese Zeichnung der Božena Němcová wurde 1924 in einer Ausgabe von „Babička" veröffentlicht.

ratete Barbara den tschechischen Finanzbeamten Josef Němec, fortan trug sie den Familiennamen Němcová. Unstete Jahre folgten, die noch dazu von ärmlichen Lebensverhältnissen geprägt waren. Die junge Frau gebar binnen fünf Jahren vier Kinder. Das Familienglück wurde durch häufige Versetzungen des Ehemanns und die damit verbundenen Umzüge in andere Städte getrübt. In den 1840er Jahren begann Němcová zu schreiben. Märchen und Gedichte hatten es ihr besonders angetan. Schon bald nahm die Autorin den slawischen Vornamen Božena an. Er bedeutet so viel wie: jene, die Gott gehört.

1855 veröffentlichte Božena Němcová ihr bedeutendstes literarisches Werk. Aschenbrödel-Fans müssen nun gefasst sein: Es handelt sich keineswegs um das Kultmärchen, sondern um den autobiografisch geprägten Roman „Babička" („Großmutter"). Er gilt in Tschechien als Klassiker. In dem Roman blickt die Autorin auf ein ländliches Böhmen zurück, in dem die Titelheldin ihre Enkel großzieht. Auch die Figur einer gütigen Fürstin kommt darin vor. Offenkundig diente Wilhelmine von Sagan zum Vorbild, einstige Herrin im Schloss von Ratibořice. Das Pikante daran: Deren jüngere Schwester Dorothea soll die wahre Mutter der Němcová gewesen sein.

Božena Němcová starb 1862 in Prag. Sie hinterließ ein Lebenswerk, zu dem unter anderem der Dutzende Märchen sowie „Babička" gehörten. Mit ihnen hatte sie zugleich die tschechische Prosa begründet.

Unterschrift von Božena Němcová.

Schlichte, gemütliche Darstellung

1845 gab Božena Němcová das Buch „Národní Báchorky a Pověsti" in Prag heraus. Es enthält auch ihr erstmals gedrucktes Märchen „O Popelce" („Aschenbrödel"). Wenige Wochen später erschien eine Rezension im „Jahrbuch für slawische Literatur, Kunst und Wissenschaft".

Zwar nimmt der Text keinen unmittelbaren Bezug auf „Aschenbrödel", dennoch erzählt er viel über die damaligen Erwartungen an die Märchenliteratur. Wörtlich heißt es:

„Die wohlbekannte Verfasserin, welcher wir bereits manche hübsche Erzählung und manches niedliche Gedicht verdanken, theilt hier elf allerliebste Mährchen mit, welche durch die schlichte, gemütliche Darstellung und die zarte Behandlung des Gegenstandes vor manchen anderen Produkten der böhmischen Literatur ihren Vorzug haben. Durch die ganze Richtung, vorzüglich aber durch die ächt jungfräuliche Behandlung des Stoffes sind die vorliegenden Erzählungen vorzüglich der Mädchen- u. Frauenwelt Böhmens anzuempfehlen. Zu bedauern ist bei allen dem, dass die geehrte Frau Verfasserin weder in einer Vorrede noch auf eine andere Weise es andeutet. ob die Stoffe zu den vorliegenden Erzählungen von ihrer eigenen Erfindung oder aus ächten Volksmährchen oder woher sonst entnommen sind. Die Ausstattung auch dieses Büchleins ist eine löbliche und der Preis ein billiger."

Němcová sei eine wohlbekannte Verfasserin, hieß es 1845 in der Rezension. Diese Briefmarke erschien anlässlich ihres 100. Todestags anno 1962.

Němcová im Portemonnaie

In Tschechien ist Božena Němcová allgegenwärtig. Ein Porträt der Schriftstellerin schmückt den 500-Kronen-Schein. Dass die „Aschenbrödel"-Autorin überhaupt auf der Banknote zu sehen ist, hat mit einem Politikum zu tun.

Mit Ablauf des Jahres 1992 hörte die Tschechoslowakei auf zu existieren. Zwei neue Staaten entstanden: Tschechien und die Slowakei. Alsbald zeichnete sich ab, dass beide Länder fortan eigene Wege in ihrer Währungspolitik gehen. Zu diesem Zeitpunkt war jedoch bereits die Vorbereitung neuer, tschechoslowakischer Geldscheine weitgehend abgeschlossen. Dazu gehörte eine 500-Kronen-Banknote, die das Antlitz des Begründers der slowakischen Schriftsprache zeigte. Was also tun in den fortan getrennten Ländern? Tschechien entschied sich für eine

Wilhelm (links) und Jacob Grimm auf dem deutschen 1000-Mark-Schein.

pragmatische Lösung. Die Entwürfe all jener Geldscheine, die Tschechen zeigten, wurden beibehalten. Alle Scheine, die Slowaken zeigten, wurden neu entworfen. So kam die zuvor nicht berücksichtigte Božena Němcová doch noch auf einen Schein.

Umgerechnet hat die 500-Kronen-Banknote einen Wert von 20 Euro. Das macht sie im Alltag zu einem häufig benutzten Geldschein; mit ihm können wir auch kleine Einkäufe gut bezahlen. Ganz anders war es in Deutschland um Němcovás Berufskollegen Jacob und Wilhelm Grimm bestellt. Das Abbild der Brüder zierte zwar den 1000-Mark-Schein. Größer konnte die finanzielle Wertschätzung also nicht ausfallen. Doch tatsächlich haben nur die allerwenigsten Bürger solche Tausender besessen. Diese Banknoten waren schlichtweg zu groß und damit unpraktisch für den normalen Bargeldverkehr.

Weder in Tschechien noch in Deutschland schafften es Aschenbrödel oder Aschenputtel auf die Geldscheine der Märchensammler. Die Rückseite der Němcová-Banknote zeigt ein Mädchen mit einem Blumen- und Dornenkranz im Haar. Bei den Grimms bilden zahlreiche Miniatur-Froschkönige das Raster auf der Rückseite des Scheins; außerdem wurde eine kleine Illustration aus dem Märchen „Die Sterntaler" hinzugefügt.

Obwohl Tschechien seit 2004 der europäischen Union angehört, ist das Land noch nicht der Eurozone beigetreten. Damit bleibt der Němcová-Schein weiterhin gesetzliches Zahlungsmittel.

Tschechischer 500-Kronen-Schein
mit Božena Němcová.

Unterwegs zu Božena Němcová

Von Wien über das östliche Böhmen nach Prag – so könnte eine Reise führen, die den Lebensstationen der „Aschenbrödel"-Autorin folgt. In Tschechien wird mit Denkmalen und einem Museum an die Nationaldichterin erinnert.

In der Wiener Alserkirche

war die spätere Schriftstellerin anno 1820 getauft worden – auf den Namen Barbara Nowotny. Das frühbarocke Gotteshaus ist mit dem Wirken des Komponisten Franz Schubert eng verbunden. Er schuf eigens für dessen Glockenweihe einen Hymnus, auch wurde hier seine „Messe Nr. 6" uraufgeführt.

Im Babiččino údolí, im Großmutter-Tal,

wird besonders die Erinnerung an den Roman „Babička" gepflegt. Das Naturschutzgebiet zieht sich entlang des Flusses Aupa. Hier hatte die Schriftstellerin als Kind gelebt. Schloss Ratibořice und die Stadt Česká Skalice wurden zu Handlungsorten von Němcovás wichtigstem Werk. Bei Ratibořice zeigt ein Denkmal die Babička mit Enkeln und Hund. Das nahegelegene Schloss ist in der warmen Jahreszeit für Besucher geöffnet. In Česká Skalice bewahrt das örtliche Museum der Autorin ein Andenken. Eine lebensgroße Bronzefigur zeigt sie als junge Frau.

Das Haus, in dem „Babička" vollendet wurde,

steht in der Prager Straße namens Ječná 516/28, direkt an der Ecke zur Karlovu-Straße. Über einem der Fenster hält eine Plakette das Jahr 1854 als Höhepunkt in Němcovás schriftstellerischem Leben fest. Die Autorin ist im Halbrelief dargestellt. Die Erstausgabe des Romans erschien übrigens erst 1855.

Němcová-Denkmale
gibt es in mehreren tschechischen Städten. Das Prager ragt heraus, weil es die Autorin nicht nur in Überlebensgröße zeigt, sondern auch in einer dynamischen, voranschreitenden Anmutung. Sie wirkt, als wolle sie gleich vom Sockel herabsteigen und sich unter die Spaziergänger mischen. Das Denkmal steht im Park vor dem Žofín Palast.

Das Sterbehaus
befindet sich unter der Prager Adresse Na Příkopě 14. Während die Schriftstellerin 1862 in ärmlichen Verhältnissen starb, gehört der Boulevard inzwischen zu den teuersten Einkaufsstraßen der Welt. Eine von einem goldfarbenen Rahmen umgebene Büste erinnert an die berühmte Bewohnerin des heutigen Geschäftshauses.

Ihre letzte Ruhestätte
fand die Nationalschriftstellerin auf dem Friedhof der früheren Prager Burg Vyšehrad. Den Sockel ihres Grabmals ziert ein Relief mit einer Szene aus „Babička". Auf der dazugehörigen Grabtafel sehen wir das in Bronze gegossene Porträt der Němcová. Auch die Komponisten Antonín Dvořák und Bedřich Smetana wurden hier bestattet.

Denkmal im Park von Franzensbad.

POPULÄRER IRRTUM

Das große Kikeriki

Viele Fans meinen, „Tři oříšky pro Popelku" sei mehr oder weniger die tschechische Version von „Aschenputtel". Das stimmt – und es stimmt auch nicht. Božena Němcová hat sich für ihre Märchenversion, die im Original „O Popelce" heißt, auch von anderen Vorbildern inspirieren lassen.

In welchem Märchen taucht ein Frosch aus einem Brunnen auf und bringt einem Mädchen dessen hineingefallene goldene Kugel zurück? Genau, in „Der Froschkönig oder der eiserne Heinrich".

In welchem Märchen kräht ein Hahn: „Kikeriki, unsere goldene Jungfrau ist wieder hie!"? Genau, in „Frau Holle".

In welchem Märchen stecken die Kleider der Heldin in einer Nussschale? Genau, in „Allerleihrauh".

Und in welchem Märchen kommen sowohl der Frosch als auch der Hahn sowie nicht minder die Nüsse vor? Genau, in „O Popelce".

Božena Němcová hat Motive aus drei weiteren Märchen in ihrer Aschenbrödel-Version verschmelzen lassen. Diese Melange unterscheidet ihr Werk von Volksmärchen. Letztere wurden zwar von berühmten Sammlern herausgegeben, doch deren eigentliche Urheber sind unbekannt. Ganz anders ist es um Němcovás „Aschenbrödel" bestellt. Märchenforscher sprechen von einem Kunstmärchen. Es weicht erheblich von der uralten Überlieferung ab, zudem ist die Autorenschaft belegt.

Die feinen, aber entscheidenden Unterschiede zeigen sich auch im Finale. Sind es bei den Grimms noch Tauben, die den Prinzen auf den blutgetränkten Schuh aufmerksam machen, übernimmt bei Němcová der Hahn diese Aufgabe: „Kikeriki, die Rechte, die ist auch hie!" Kaum freit daraufhin der Prinz das Mädchen, darf das Fröschlein nochmals auftreten. Die Titelheldin dreht sich zum Brunnen um und dankt ihm. Nur gut, dass er sich in diesem Moment nicht als verzauberter Königssohn entpuppt und ebenfalls um ihre Hand anhält. Der Lurch darf einfach nur er selbst sein.

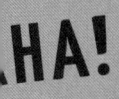

Weihnachten? Grauenhaftes Fest!

„Drei Haselnüsse für Aschenbrödel" wurde erst durch die Verfilmung zum Wintermärchen. Dagegen hatten zwei Zeitgenossen von Božena Němcová – Charles Dickens und Hans Christian Andersen – jeweils eines ihrer Märchen ganz bewusst als Winter- bzw. Weihnachtsgeschichte angelegt.

„Fröhliche Weihnachten! Der Henker hole die fröhlichen Weihnachten! Was ist Weihnachten für Dich anderes, als ein Tag, wo Du Rechnungen bezahlen sollst, ohne Geld zu haben, ein Tag, wo Du Dich um ein Jahr älter und nicht um eine Stunde reicher findest." Im Dezember des Jahres 1843 stellt sich mit ebendiesen Worten ein recht verschrobener Herr der Welt vor. Sein Name ist Ebenezer Scrooge. Er ist Geldverleiher, er lebt in London – und er hasst das Weihnachtsfest. „Jeder Narr, der mit seinem Fröhlichen Weihnachten herumläuft, sollte mit einem Pfahl im Herzen begraben werden."

104 Jahre später schickt sich ein anderer Gentleman an, es dem englischen Geizhals gleichzutun. In der 1947 erschienenen Geschichte „Christmas on Bear Mountain" schimpft er munter drauflos. „Hier sitz ich einsam und verlassen und Weihnachten steht vor der Tür. Grauenhaftes Fest! Wenn's nur erst vorbei wär! Weihnachten liegt mir nicht. Ich kann niemanden leiden und mich kann auch niemand leiden." Ohnehin ist ihm schleierhaft, „was das für ein Spaß sein soll, sich Weihnachten gegenseitig zu beschenken. Mir macht's keinen Spaß!" Der grantelnde Herr ist leicht zu identifizieren. Er trägt an jedem Tag seines Lebens einen Gehrock und einen Zylinder, er hat einen Backenbart und auf seiner Nase sitzt ein Zwicker – und manchmal, da verwandeln sich seine Augäpfel sogar in Dollarzeichen. Gestatten, Dagobert Duck! Oder, besser gesagt: Gestatten, Scrooge McDuck!

Tatsächlich trägt ebendiese Ente im amerikanischen Comic einen weitaus bezeichnenderen Namen als in der deutschen Fassung. Scrooge – das ist eine direkte Anspielung auf die Weihnachtsgeschichte von Charles Dickens (1812–1870). Einmal mehr zeigt sich, dass Disney es perfekt versteht, klassische Stoffe zu adaptieren. Mal entsteht eine vollständig eigene Verfilmung, mal bedient man sich lediglich an einzelnen Charakteren.

Die Figur des überaus reichen, gleichwohl gefühlsarmen Ebenezer Scrooge ist zweifelsohne legendär. Dass er schlussendlich geläutert wird, versteht sich von selbst. Und natürlich erklärt dieses gute Ende letztlich auch den andauernden Erfolg der Erzählung. Charles Dickens etliche Male verfilmte Weihnachtsgeschichte lockt unglaublich viele Zuschauer vor die Fernsehgeräte – und das weltweit.

Auch „Die Schneekönigin" wurde viele Male verfilmt. Märchenautor Hans Christian Andersen (1805–1875) war ebenfalls Zeitgenosse von Božena Němcová. In seiner „Schneekönigin" erzählt der Däne, wie die Tschechin, von eiskalter Herrlichkeit ebenso wie von Herzenswärme. Und doch ist bei ihm alles völlig anders. Andersens Protagonisten sind Nachbarskinder. Gerda und Kay. Der Junge wird verzaubert, ihm wächst ein Herz aus Eis. Schließlich entführt ihn die Schneekönigin in ihr Reich im hohen Norden. Dort küsst sie Kay, und schon hat er Gerda und alle anderen daheim vergessen. Erst nach langen Monaten in Eis und Schnee, nach einer schier endlos anmutenden Suche nach Kay, bringen Gerdas Tränen das eisige Herz ihres Freundes zum Schmelzen. Beide kehren heim ...

Im Märchen „Die Schneekönigin" reitet Gerda seit eh und je auf einem Rentier. Ganz anders Božena Němcovás Aschenbrödel. Es ist im Originalmärchen stets zu Fuß unterwegs. Dass das Mädchen hoch zu Ross durch den Tann traben darf, wurde erst rund 130 Jahre später durch die Filmemacher so bestimmt.

Es war einmal eine Konkubine

Was verbindet Aschenbrödel mit Jesus Christus? Wer jetzt an das Originalmärchen von Božena Němcová denkt, liegt so falsch nicht. In ihm besucht das Mädchen keinen Ball, sondern einen Gottesdienst. Doch es gibt noch eine weitere Verbindung. Sie führt zurück in Jesu Lebenszeit.

Es war einmal ein anmutiges Mädchen, das alle nur Rhodopis nannten. Sie stammte aus Griechenland, doch schon lange hatte sie ihre Heimat nicht mehr gesehen. Rhodopis war als Prostituierte nach Ägypten versklavt worden. Hier lebte sie in der Stadt Naukratis. Eines Tages, als sie ein Bad im Nil nahm, kam ein Adler daher. Der Vogel griff sich eine von Rhodopis' am Ufer liegenden Sandalen und flog davon. Er flog und flog, bis er nach Memphis kam, an den Hof des Königs. Da ließ der Adler aus großer Höhe die Sandale fallen, genau in des Königs Schoß. Das, so meinte der Herrscher, konnte kein Zufall sein. Er war von dem wunderschön geformten Schuh derart angetan, dass er sogleich Boten ins Land aussandte, um dessen Besitzerin ausfindig zu machen. Natürlich, wahre Märchenkenner ahnen es, passte die Sandale nur einer einzigen Frau …

In der Geschichte jener Sexsklavin, die zu guter Letzt den ägyptischen König heiratete, taucht das Grundmotiv des Aschenbrödel-Märchens – der verlorene Schuh – nachweislich erstmals auf. Rhodopis' Lebensweg wird in dem vielbändigen Werk „Geographica" beschrieben. Dessen Autor ist der griechische Gelehrte Strabo. Er starb im Jahre 24 und war damit einer der Zeitgenossen Jesu. Mit anderen Worten: Bereits zu Christi Lebzeiten hatte man sich eine frühe Form von Aschenbrödel erzählt.

Strabo war griechischer Abstammung. Er wurde im Gebiet der heutigen Türkei geboren und studierte in Rom. Der Geograph unternahm zahlreiche Reisen durch das römische Herrschaftsgebiet, insbesondere durch Ägypten. Als Strabo begann, seine

Werke zu verfassen, nahm er für sich aber nicht nur die eigene Augenzeugenschaft in Anspruch. Zugleich griff er auf das über Jahrhunderte von Historikern gesammelte Wissen zurück. Zu seinen Quellen gehörten Herodots Schriften. Der Geschichtsschreiber hatte im 5. Jahrhundert vor unserer Zeitrechnung gelebt. Auch er berichtete von einer wunderschönen Griechin namens Rhodopis, die bereits 100 Jahre zuvor als Konkubine in Ägypten gelebt haben soll. Allerdings spielt bei Herodot ein verlorener Schuh noch keine Rolle. Woher Strabo von dieser wundersamen Fügung des Schicksals erfahren haben könnte, lässt sich nicht mehr nachvollziehen.

Strabo schrieb als Erster die Geschichte vom verlorenen Schuh nieder. Ob der Geograph aussah wie auf diesem Porträt, muss dahingestellt bleiben. Der kolorierte Holzschnitt entstand erst ausgangs des 15. Jahrhunderts und wurde in der „Schedelschen Weltchronik" abgedruckt.

Stammt Aschenbrödel aus China?

Um das Jahr 850 schrieb der chinesische Gelehrte Duan Chengshi ein Sammelsurium an kuriosen Begebenheiten auf. Dazu gehört eine Geschichte, die sich 1000 Jahre zuvor zugetragen haben soll.

Sie erzählt von einem Stammesführer namens Wu, der nach alter Sitte mit zwei Frauen verheiratet war. Jede seiner Frauen schenkte ihm eine Tochter, doch eine musste dafür einen hohen Preis zahlen. Sie starb nach der Geburt von Ye Xian. Die Halbwaise wuchs dennoch wohlbehütet auf. Als Jahre später auch ihr Vater starb, änderte sich plötzlich alles. Fortan musste Ye Xian schuften wie Aschenputtel.

Eines Tages freundete sich das Mädchen mit einem Fisch im nahen See an. Er hatte rote Flossen und goldene Augen. Tatsächlich handelte es sich bei ihm um einen Schutzgeist, den ihr ihre Mutter geschickt hatte. Doch, o weh, Halbschwester und Stiefmutter kamen hinter das Geheimnis; sie aßen den Fisch. Ye Xian blieb nur noch, die Gräten zu begraben. Einige Zeit später fand das Frühjahrsfest statt. Während sich ihre Schwester vergnügen durfte, sollte Ye Xian zu Hause bleiben. Sie tröstete sich mit Gedanken an den Fisch und begann zu beten. Das blieb nicht ohne Lohn. Ein Zauber bescherte ihr ein prächtiges Kleid und goldene Pantoffeln. Derart gekleidet eilte Ye Xian zum Fest.

Der Fortgang ähnelt dem Märchen vom Aschenputtel. Ye Xian verlor einen Schuh, der König ließ nach dessen Trägerin suchen … Allerdings nahm die Sache für den König kein gutes Ende. Er war unglaublich gierig, so dass auch er den toten Fisch anzubeten begann, immer in der Hoffnung, dass ihm der Zauber noch größeren Reichtum bescheren würde. Das Gegenteil passierte: Der Herrscher büßte all seine Schätze ein.

Duan Chengshi hielt diese Geschichte im 9. Jahrhundert fest. Italienische Jesuiten, die in China als Missionare tätig waren, brachten die Erzählung um das Jahr 1600 nach Europa.

POPULÄRER IRRTUM

Heimtückische Aschenkatze

Ein Mörder ist, so besagt es das heutige Strafgesetzbuch, wer heimtückisch oder grausam einen Menschen tötet. Mord wird mit lebenslanger Freiheitsstrafe geahndet. Ja, klar. Aber was hat das mit Aschenbrödel zu tun? Wer das Mädchen als Unschuld vom Land versteht, muss jetzt ganz tapfer sein.

Es war einmal ein Prinz, der seine Frau durch den Tod verloren hatte; er liebte seine Tochter herzinniglich. Eigens für sie hielt er eine Hofmeisterin, die sie alle möglichen Spiele und Possen lehrte und so viel Zuneigung bewies, dass man es mit Worten gar nicht sagen kann. Und dieses Mädchen, das selbst eine Prinzessin war, nannte man Lucrezia.

So eröffnet der neapolitanische Dichter Giambattista Basile das von ihm aufgeschriebene Märchen „La gatta Cenerentola". Anno 1846 erscheint es erstmals auf Deutsch in dem Sammelband „Pentamarone – Das Märchen aller Märchen". Die Herausgeber der Übersetzung weisen ausdrücklich darauf hin, dass das italienische Original den Untertitel „Erzählungen für Kinder" trage. Darauf hätten sie in der deutschen Fassung wohlweislich verzichtet, „da diese Märchen in ihrer vorliegenden Gestalt keineswegs für Kinder bestimmt sind". Was nur könnte damit gemeint sein? Nicht mal das Vorwort, das kein Geringerer als Jacob Grimm verfasst hat, liefert dafür einen Anhaltspunkt. In seinem Text fabuliert er vielmehr über die Herausforderungen des Übersetzens aus einer Sprache, die voller Anmut und Zier sei. Auch die Übertragung des Namens einer Märchenfigur thematisiert Grimm. Im Originaltext von Basile war noch von Cenerentola die Rede. Von Aschenputtel oder Aschenbrödel würden die Deutschen sprechen, schreibt Grimm, sowie von Popelka und Popelawa die Slawen. Nun aber, im Falle der Übersetzung des italienischen Märchens, fällt die Wahl auf einen gänzlich anderen Namen – auf Aschenkatze.

Spätestens dann, wenn wir „Die Aschenkatze" zu lesen beginnen, wird klar, was es mit dem Warnhinweis der Herausgeber des „Pentamarone" auf sich hat. Dem Märchen ist eine kurze Zusammenfassung vorangestellt. Bereits in diesen gerade mal fünf Zeilen wird uns das vermeintlich brave Mädchen als heimtückische Mörderin vorgestellt. Nein! Doch! Oh! Wie nur konnte das geschehen?

Giambattista Basile erzählt, dass Lucrezias Vater wieder geheiratet habe. Alsbald fängt die Stiefmutter an, dem Mädchen herzlich gram zu werden und ihr derart saure Mienen, schiefe Gesichter und grimmige Augen zu machen, dass das arme Kind vor lauter Schreck ganz außer sich gerät. Warum nur, so fragt sich Lucrezia, hat ihr Vater nicht die gütige Hofmeisterin zur Frau genommen. Sie quält und quält sich mit dieser Frage immer wieder aufs Neue. Dann aber, eines Tages, spricht selbige Hauslehrerin zu dem Mädchen: „Gib wohl acht, tu die Ohren auf, und dein Wunsch wird sich erfüllen." Wenn der Vater das nächste Mal außer Haus gehe, solle Lucrezia ihre Stiefmutter um ein Kleid bitten, das in einer Truhe aufbewahrt werde. Wenn sich das Weib in die Truhe hineinbeuge, müsse das Mädchen nur noch den schweren Deckel zuschlagen und ihr somit das Genick brechen.

Heutige Strafrechtler würden zweifelsohne

Giambattista Basile lebte von 1566 bis 1632. Er schrieb die erste moderne Version von Aschenputtel nieder.

von einer gemeinschaftlichen Verabredung zum Mord sprechen. Die Hauslehrerin stiftet an, Lucrezia vollstreckt. Doch welche Strafe wird der mörderischen Prinzessin zuteil? Ihr ergeht es fortan wie dem deutschen Aschenputtel bzw. der tschechischen Popelka …

Wie das? Lucrezias Vater heiratet erneut. Die Hofmeisterin wird, wie von dem Mädchen erhofft, zu ihrer neuen Stiefmutter, die noch dazu weitere Töchter in die Ehe einbringt. Von einem trauten Familienglück kann freilich keine Rede sein. Von einem Tag auf den anderen zeigt die vormals herzensgute Hofdame ihren wahren Charakter. Während ihre Stiefschwestern in Saus und Braus leben, muss Lucrezia niedere Küchendienste verrichten. Schon bald wird sie nur noch Aschenkatze genannt. Als ihr Vater auf eine Reise geht, bringt er den Töchtern seiner nunmehr dritten Frau teure Geschenke mit. Lucrezia erhält lediglich einen Dattelzweig. Sie pflanzt ihn ein, so dass er zu einem stattlichen Baum emporwachsen kann. Schließlich finden am Königshof drei Bälle statt. Da Lucrezia diese Feste in Ermangelung schöner Kleider aber nicht besuchen kann, zaubert der Dattelbaum ebendiese herbei. Lucrezia zieht, wir ahnen es, alle Blicke auf sich, bleibt aber unerkannt. Beim Verlassen des dritten Balls verliert sie einen Schuh, den der König alle Frauen seines Reichs anprobieren lässt …

Das Erstaunliche an dieser Geschichte ist nicht die Ähnlichkeit der Handlung zu Grimms „Aschenputtel" oder Němcovás „Aschenbrödel", sondern der Zeitpunkt ihrer Veröffentlichung. Giambattista Basile hatte das Märchen bereits zu Beginn des 17. Jahrhunderts aufgeschrieben. Die Brüder Grimm und Božena Němcová brachten ihre Versionen erst im 19. Jahrhundert zu Papier. Lucrezia ist also nicht nur das mörderischste Aschenputtel aller Zeiten, sondern zugleich das älteste bekannte.

Wurde der gewaltsame Tod der Stiefmutter je gesühnt? Giambattista Basile verrät es nicht. Er lässt das Märchen von der Aschenkatze ausgehen, wie Märchen immer ausgehen. Gut also. Dabei wissen wir: Mord bleibt Mord. Er verjährt nie.

AHA!

Charles Perrault anno 1694. Drei Jahre später veröffentlichte er das Märchen von Cendrillon.

Zuckersüß und langweilig brav

Ein Kürbis verwandelt sich in eine Kutsche, aus Mäusen werden Schimmel und aus einer Ratte ein Kutscher. In „Cendrillon" gibt es keine Haselnüsse, dafür aber eine Fee mit Zauberstab. Der wahre Unterschied zu dem späteren Grimm- und dem Němcová-Märchen ist ein anderer. Die Heldin ist wenig emanzipiert.

„Es ist wirklich seltsam. Von allen Werken des Menschen überlebt ihn oft dasjenige, auf welches er am wenigsten rechnete und bewahrt ihn vor der Vergessenheit. Dies beweist Charles Perrault." Mit diesen Sätzen beginnt das 1852 auf Deutsch herausgegebene „Neue Märchenbuch für Knaben und Mädchen". Das Vorwort erzählt von Perrault als französischem Staatsbeamten. Der Jurist hatte am Hofe des Sonnenkönigs Ludwig XIV. seine Verwirklichung in der Kulturpolitik gesucht und gefunden, ehe er sich auf das Sammeln von Märchen zu verlegen begann. 1697 veröffentlichte er „Cendrillon". Damals verbarg er seine Identität hinter einem Pseudonym.

Nun also, anno 1852, das „Neue Märchenbuch". Wirklich neu waren diese Märchen den deutschen Lesern freilich nicht. Spätestens seit den „Kinder- und Hausmärchen" (1812) der Grimms waren einige von Perraults Geschichten auch hierzulande wohlbekannt, allen voran „Rotkäppchen", „Der gestiefelte Kater" und „Aschenputtel". Doch angesichts der Übersetzung der Originale eröffnete sich fortan jedermann die Möglichkeit, die Brüder Grimm an ihren Vorbildern zu messen. Ein solches paralleles Lesen lohnt noch immer. Dies gilt nicht nur, aber ganz besonders im Fall von „Cendrillon ou la petite pantoufle de verre", also von „Aschenbrödel oder der kleine Glaspantoffel". Wer sich darauf einlässt, erfährt von einer charakterlichen Wandlung, die die Titelheldin durchgemacht hat. Bei Perrault ist Cendrillon noch ein passives, überraschend unterwürfiges Mädchen. Dagegen erzählen die Brüder Grimm und auch Božena Němcová von einer jungen Frau, die selbstbewusst ihr Schicksal in die Hand nimmt.

Perraults Cendrillon „ist zuckersüß und langweilig brav, und es geht ihr jegliche Initiative ab." Auf diese Kurzformel bringt es der US-amerikanische Psychoanalytiker Bruno Bettelheim in seinem Buch „The Uses of Enchantment" (deutscher Titel: „Kinder brauchen Märchen"). Drei Beispiele:

1. Bei Perrault heißt es: „Wenn sie ihre Arbeit fertig hatte, setzte sie sich in den Winkel des Kamins in die Asche; deshalb nannte man sie gewöhnlich Aschenbrödel." Weder bei den Grimms noch bei Němcová gibt es eine solche freiwillige Erniedrigung, sondern vielmehr ein Muss. So steht in der Erstausgabe der Brüder Grimm: „Wenn es müd war abends kam es in kein Bett, sondern musste sich neben dem Herd in die Asche legen."

2. Obwohl Cendrillon von ihren Stiefschwestern weit mehr gedemütigt wird als in den späteren Märchenfassungen, dient sie beiden in größter Selbstverständlichkeit. Ja, sie drängt ihre Dienste sogar auf. Zwar kämmt auch das grimmsche Aschenputtel ihren Schwestern das Haar. Dies freilich war ihm ausdrücklich befohlen worden.

3. Sowohl im Film „Drei Haselnüsse für Aschenbrödel" als auch in dessen literarischer Vorlage bestimmt Aschenbrödel selbst, an einer Jagd und an einem Ball (beides im Film) bzw. an den ihr verwehrten Gottesdiensten (Originalmärchen) teilzunehmen. In Perraults Märchen wagt sie es dagegen nicht einmal, diesen Wunsch auszusprechen. Erst eine Fee ist es, die Cendrillon zur Teilnahme am Tanzvergnügen drängt.

Im Fehlen eines ausgeprägten Charakters der Titelheldin sieht Bettelheim den eigentlichen Grund dafür, dass Disney lieber Perraults „Cendrillon" unter dem Titel „Cinderella" verfilmte als Grimms „Aschenputtel". Nicht zuletzt dürfte dabei aber auch der Ausgang des Geschwisterkonflikts eine Rolle gespielt haben. Während bei den Grimms beide Stiefschwestern ihre gerechte Strafe erhalten und Božena Němcová die eine Stiefschwester fortan einsam leben lässt, endet Perraults Märchen in völliger Harmonie. Er lässt Cendrillon als Kupplerin auftreten: Sie verheiratet ihre Stiefschwestern mit vornehmen Herren vom Hofe.

Von Micky Maus zu Cinderella

Alles begann mit einem Dampfer namens Willie. 1928 erlebte „Steamboat Willie" seine Uraufführung in den amerikanischen Kinos. Erstmals hatte Walt Disney einen Zeichentrickfilm vertont. Noch 22 Jahre sollte es dauern, ehe er sich auch an „Aschenputtel" heranwagte.

Nicht mal acht Minuten ist „Steamboat Willie" lang, und doch genügte dieses Werk, um dem Genre des Zeichentrickfilms zu seinem Durchbruch zu verhelfen. Der Zuspruch der amerikanischen Kinogänger war enorm. Im Frühjahr 1930 liefen die Abenteuer des Steuermanns namens Micky Maus erstmals auch in deutschen Lichtspielhäusern. Es dauerte nur wenige Jahre, bis sich Disney entschloss, nicht nur Kurzfilme zu produzieren, sondern auch einen ersten abendfüllenden Trickfilm. Die Wahl fiel auf „Schneewittchen". 1935 begann die Produktion, rund 750 Zeichner waren damit beschäftigt, das grimmsche Märchen in farbenprächtige Bilder zu fassen. Nach knapp zwei Jahren kam der Film in die Kinos; er wurde zu einem grandiosen geschäftlichen Erfolg. Doch Disneys Hoffnung, fortan jedes Jahr zwei lange Filme zeichnen zu können, zerstob schon bald. Mit Beginn des Zweiten Weltkriegs (1939–1945) stand den Zuschauern nicht mehr der Sinn nach abendfüllenden Trickfilmen.

Die ersten Skizzen für „Cinderella" entstanden 1943, also noch während des Kriegs. Allerdings stellte das Studio das Projekt angesichts der befürchteten Erfolglosigkeit ein. Erst 1948 nahm Disney die Produktion wieder auf, zu Beginn des Jahres 1950 wurde „Cinderella" veröffentlicht. Der Film dauert immerhin 74 Minuten. Während sich die Amerikaner bei „Schneewittchen" noch einer Märchenvorlage der Brüder Grimm bedienten, entschieden sie sich im Falle der Aschenbrödel-Geschichte für „Cendrillon" von Charles Perrault. Entsprechend kommen in dem Disney-Klassiker auch keine Haselnüsse vor. Dem Erfolg des Films tat dies keinen Abbruch; er hält noch immer an.

Der Mann, der Gott schuf

Der anhaltende Erfolg von „Drei Haselnüsse für Aschenbrödel" gründet nicht allein in der wunderbaren Geschichte sowie der Anmut der Titelheldin, sondern ebenso in der Filmmusik.

In den 70er sowie den frühen 80er Jahren entstanden Trickfilmserien, die sich noch heute großer Beliebtheit erfreuen. „Biene Maja" gehört dazu, „Wickie und die starken Männer", „Pinocchio" und „Nils Holgersson". Auch wenn jeder ihrer Titelhelden in seiner ganz eigenen Welt lebt, sind sie doch immer auch mit „Aschenbrödel" verbunden – dank Karel Svoboda. Der Tscheche hatte für all diese Klassiker die Filmmusik komponiert.

Svodoba lebte von 1938 bis 2007. Er wollte ursprünglich Zahnarzt werden und nahm ein Medizinstudium auf. Dann aber machte er sein Hobby – das Klavierspiel – zum Beruf. Ausgangs der 50er Jahre gehörte Svoboda zunächst einer Rockband an, ehe er sich immer mehr aufs Komponieren verlegte. Erste Erfahrungen mit Musik fürs experimentelle Theater folgten. Schon bald wechselte er das Fach und schrieb fortan hauptsächlich Schlager sowie Filmmusiken. Lieder für Stars wie Václav Neckář und Helena Vondráčková entstanden, vor allem aber für Karel Gott. Mit dem Song „Lady Carneval", den der eine Karel eigens für den Auftritt des anderen Karel beim Musikfestival von Rio de Janeiro geschrieben hatte, gelang 1968/69 der internationale Durchbruch. Rund 80 weitere gemeinsame Titel folgten und mit ihnen etliche goldene Schallplatten. Mit anderen Worten: Svoboda ist der Mann, der Gott geschaffen hat.

Da war es wohl nur folgerichtig, dass Karel Gott auch im tschechischen Originalfilm „Drei Haselnüsse für Aschenbrödel" ein Lied singen durfte. Populär in Deutschland wurde der Sänger allerdings mit einer anderen Titelmelodie Svobodas – mit der zur Zeichentrickserie „Biene Maja".

Sowohl Gott als auch Svoboda waren Pendler zwischen zwei Welten. Sie lebten in der sozialistischen Tschechoslowakei, feierten gleichzeitig aber auch große Erfolge im westlichen Ausland. Der Komponist wirkte neben „Aschenbrödel" auch an weiteren Produktionen der Defa mit. Dazu gehören „El Cantor" (1977) über den ermordeten Sänger Victor Jara sowie die Westernkomödie „Sing, Cowboy, sing" (1981). In beiden Filmen übernahm Dean Reed sowohl die Regie als auch die Hauptrolle.

Karel und Karel,
Gott und Svoboda (rechts), im Jahre 1988.

POPULÄRER IRRTUM

Eine Oboe ersetzt Karel Gott

Im tschechischen Original des „Aschenbrödel"-Films singt Karel Gott zu den Schlussszenen ein Lied. Die deutsche Fassung setzt dagegen auf Instrumentalmusik. Immer wieder heißt es, ein Redakteur des WDR habe den Schlager kurzerhand aus dem Film verbannt. Kann das stimmen?

Im Jahr 2014 erschien Karel Gotts Autobiographie „Zwischen zwei Welten". Darin berichtet der Schlagersänger, ihm sei „eine Zensur der speziellen, vielleicht eher marktwirtschaftlichen Art ausgerechnet beim erfolgreichsten Märchenfilm aller Zeiten" begegnet. Für den Originalfilm habe er noch „Kdepak ty ptácku hnízdo máš" singen dürfen. Selbstverständlich, so erzählt der Sänger, habe man auch eine deutsche Version aufgenommen: „Wo, kleiner Vogel, ist Dein Nest". Gott freute sich demnach bereits darauf, den nächsten Hit zu landen. Er, so heißt es in seinem Buch, „hätte das aber lieber nicht tun sollen. Die Redaktion des WDR beschloss nämlich, meine Stimme nicht zu verwenden. Sie strichen meine Version und ersetzten meine Stimme durch eine Oboe. Auweia. Das Lied wurde in Westdeutschland zu einer reinen Instrumentalversion."

Wenn Gott persönlich etwas überliefert, darf man dann daran zweifeln? Bereits anno 2011 hatte der für die westdeutsche Fernsehfassung zuständige Redakteur des WDR diese Geschichte ähnlich erzählt. Ebendieser Gert K. Müntefering outete sich in einem Gastbeitrag der Zeitung „Tagesspiegel" als der vermeintliche Buhmann. Ihm sei Karel Gotts Gesang vorgekommen wie Buttercreme und Sahne, die man zusätzlich über eine perfekte Torte gegossen habe. Dadurch wäre aus dem filmischen Kunstwerk ein kitschiges Zuckerwerk geworden. Also bestand Müntefering nach eigener Darstellung auf einer Instrumentalfassung. Darüber will sich der Redakteur sogar mit Václav Vorlíček, dem Regisseur des Films, abgestimmt haben. Gegenüber dem Tschechen soll der WDR-Redakteur unter anderem darauf verwiesen haben, dass Gott bereits beim Konkurrenzsender ZDF ein Titellied singe – für die Serie „Biene Maja".

Bei genauerem Hinsehen entpuppt sich diese Darstellung als recht märchenhaft. Die deutsche Synchronisation von „Drei Haselnüsse für Aschenbrödel" entstand nicht in Verantwortung des WDR. Zuständig war vielmehr die ostdeutsche Defa. Deren Fassung kam im März 1974 in die Kinos, zu einem Zeitpunkt also, da überhaupt noch nicht an eine Ausstrahlung im westdeutschen Fernsehen zu denken war. Bereits die Defa hatte auf Instrumentalmusik gesetzt. Weder auf dem damaligen Tonnegativ noch auf dem Musikband und erst recht nicht auf dem Geräuschband des Films ist der Schlagersänger zu hören. Als all diese ursprünglichen Materialien im Jahr 2009 digitalisiert wurden, glich die damit beauftragte Firma alle vorhandenen Filme untereinander ab. Sie kam dabei zu dem Schluss: „Es gibt keinen Unterschied der Sprachfassung WDR-Sendekopie und Defa-Kinokopie." Mit anderen Worten: Der Westdeutsche Rundfunk hatte die ostdeutsche Synchronisation detailgetreu übernommen und ausgestrahlt. Insofern konnte ein WDR-Redakteur die Gesangseinlagen überhaupt nicht weglassen, weil es sie ohnehin nicht mehr gegeben hatte. Oder war doch alles ganz anders? Hatten die Tschechen eventuell versucht, ihren berühmten Sänger nachträglich wieder in eine deutsche Fassung hineinzubekommen? Hatte sich der gute Mann am Ende nur dagegen verwahrt?

Davon unbenommen durfte Karel Gott das Lied „Kdepak ty ptácku hnízdo máš" auch auf Deutsch unter seine Fans bringen. Der Schlager „Wo, kleiner Vogel, ist Dein Nest" erschien 1975 beim ostdeutschen Label Amiga. Auf der Schallplatte „Karel Gott – Die neue LP" findet sich das Lied als dritter Song auf der zweiten Seite wieder. Exakt 2 Minuten und 58 Sekunden singt Gott. Die Textfassung stammt von Kurt Demmler.

Beinharten Verehrern der goldenen Stimme verschafft dies nicht nur Genugtuung, sondern auch die Möglichkeit zur Selbsthilfe. Wer mag, schaltet den Film stumm und den Plattenspieler ein.

Endlich unendlich

„Küss mich, halt mich, lieb mich". Mehr als diese kurze, hingehauchte Aufforderung brauchte es nicht, um im Jahr 2009 einen Hit zu landen. Seither sind Ella Endlich und ihr Lied zu einem festen Bestandteil der Weihnachtszeit in Deutschland geworden.

„Auf einmal war ich Märchenprinzessin." Auch nach Jahren ist Ella Endlich noch immer eine beinahe kindliche Freude anzumerken, wenn sie auf ihren Aschenbrödel-Schlager angesprochen wird. Der Erfolg hatte sie ebenso überrascht wie überhaupt die Chance, dieses Lied singen zu dürfen. „Es war eine Ehre für mich." Dabei war 2009 zunächst noch völlig unklar, wer das von Mark Hiller getextete Lied interpretieren sollte. In jenem Jahr nahm die 1984 in Weimar als Jacqueline Zebisch geborene Sängerin ihren Künstlernamen an. Bereits als Teenager hatte sie ihre Karriere mit Popsongs gestartet, ein Studium im klassischen Gesang folgte, schließlich erhielt sie Engagements in Musicals. Nun stand ein Vorsingen für das Titellied von „Aschenbrödel" an …

Mehr als drei Jahrzehnte zuvor hatte Karel Gott zu einer anderen Melodie des Films gesungen: „Wo, kleiner Vogel, ist Dein Nest". Weitere deutsche Versionen entstanden nicht, was maßgeblich an Rechtsfragen lag. Erst für den Text von Mark Hiller erteilten die Erben von Komponist Karol Svoboda ihre Freigabe. Fortan war es an Ella Endlich, den Klassiker als Liebeslied zu interpretieren. Ihren ersten großen Auftritt hatte die Sängerin beim Adventsfest der ARD, der alljährlichen Show mit Florian Silbereisen. „Die Leute haben es sofort geliebt", erinnert sich Ella Endlich. Seitdem sind sie und ihr „Küss mich, halt mich, lieb mich" aus der Sendung nicht mehr wegzudenken. Die Sängerin erhielt für die Single alsbald eine Goldene Schallplatte. Die Videos ihrer Auftritte werden millionenfach im Internet aufgerufen.

Bretter, die die Welt bedeuten

Im Sommer 2020 ging für Aschenbrödel-Fans ein Traum in Erfüllung. Da, wo die werdende Prinzessin im Märchenfilm tanzt, da, wo sie ihren Schuh verliert, erlebte das Musical „Drei Haselnüsse für Aschenbrödel" seine Premiere. Doch es gibt Konkurrenz, andernorts und zu anderen Jahreszeiten.

Im wahren Leben geht es häufig kaum anders zu als im Märchen: Glück und Pech liegen nah beieinander. Das zeigte sich auch bei der Premiere des Aschenbrödel-Musicals in Moritzburg. Damals, im Juli 2020, war der erste Corona-Lockdown zwar bereits vorbei. Dennoch galten noch immer Pandemie-Maßnahmen. Das Ensemble der Landesbühnen Sachsen durfte nur 350 statt der möglichen 600 Gäste zu jeder Vorstellung einlassen. Die Veranstalter machten aus der Not eine Tugend. Sie boten Zusatztermine an. Immerhin 19-mal konnte so die berühmte Filmmusik von Karel Svoboda auf der Terrasse des Märchenschlosses erklingen. Sie soll hier auch während der kommenden Jahre zu hören sein.

Tatsächlich hatte diese Inszenierung ihre eigentliche Premiere bereits 2013 erlebt. Von da an bis zum Jahr 2019 gehörte das Musical „Drei Haselnüsse für Aschenbrödel" zum Sommerprogramm der Felsenbühne Rathen; sie ist das Stammhaus der Landesbühnen Sachsen. Der Umzug an den authentischen Drehort in Moritzburg war an eine Bedingung geknüpft: Das Stück ist und bleibt eine Freilichtaufführung. Die eigentliche Filmhandlung, die in traumhaften Winterlandschaften spielt, wird somit in die warme Jahreszeit verlegt. Dem Zauber des Stoffs tat dies offenbar keinen Abbruch.

Dagegen setzte das Staatstheater Meiningen im Jahr 2020 auf Aschenbrödel als Weihnachtsmärchen. Auch bei dieser Inszenierung lagen Freude und Wehmut nah beieinander. „Drei Haselnüsse für Aschenbrödel" durfte während eines erneuten Lockdowns überhaupt nicht vor Publikum gespielt werden.

Authentischer Ort: Die Terrasse von Schloss Moritzburg wird im Sommer zur Bühne für das Aschenbrödel-Musical.

Daraufhin entschloss sich der MDR, die Inszenierung aufzuzeichnen und im Fernsehen auszustrahlen. Dadurch erklang die originale Filmmusik letztlich in weit mehr Ohren, als es im Theater möglich gewesen wäre. Dennoch vermissten die Darsteller die direkte Interaktion mit dem Publikum sehr; sie macht nun mal den besonderen Reiz eines Theaterstücks aus.

Wer freilich meint, Bühnenfassungen von Aschenbrödel seien eine Erfindung der jüngeren Zeit, erliegt einem Irrtum. Bereits in der Mitte des 18. Jahrhunderts hatte der französische Komponist Jean-Louis Laruette die Komische Oper „Cendrillon" geschrieben. Etliche weitere Opern, Theaterstücke sowie Ballett-Fassungen folgten. Meist entstanden sie im 19. sowie im frühen 20. Jahrhundert. Mit Gioachino Rossini, Johann Strauss sowie Sergej Prokofjew stellten sich sogar drei Große der Herausforderung, das Märchen auf eigene Weise zu interpretieren.

Längst gehören Aufführungen von „Drei Haselnüssen für Aschenbrödel" zum Weihnachtsrepertoire in vielen Städten. Mitunter handelt es sich um eigene Inszenierungen wie in Erfurts Alter Oper, oft gehen Ensemble auf Gastspielreise. Ein Highlight für Filmfans setzt die Entertainment-Agentur BB Promotion um. Sie lässt große Symphonieorchester die originale Filmmusik live spielen, während Aschenbrödels romantisch-witzige Abenteuer auf einer Großleinwand zu sehen sind. Zu erleben gibt es diese einzigartige Kombination von Kino und Konzert während Tourneen in der Weihnachtszeit.

„Eine moderne Heroin, greifbar und menschlich"

Sandra Maria Huimann ist das personifizierte Aschenbrödel. In dem Musical „Drei Haselnüsse für Aschenbrödel" spielt und singt sie die Titelrolle – und das auch noch in der Kulisse von Schloss Moritzburg. Wir fragten die gebürtige Wienerin, was ihr diese Rolle bedeutet.

Wenn jemand wie Sie derart oft das Aschenbrödel verkörpert, muss die Frage erlaubt sein: Was begeistert Sie an dieser jungen Frau?

Das Aschenbrödel ist ein Beispiel für einen Menschen, für den die widrigsten Lebensumstände eingetreten sind. Es hat keine Familie mehr und die, die ihm geblieben sind und sich um es kümmern, ihm vielleicht sogar Liebe schenken sollten, die Stiefmutter und die Stiefschwester, haben nichts als Hohn und Verachtung für es übrig. Gleichzeitig zum emotionalen Verhungern nehmen sie der leiblichen Tochter auch noch das Erbe des Vaters und somit alle finanziellen Möglichkeiten auf ein besseres Leben. Aber anstatt zu verbittern und aufzugeben, kämpft die junge Frau. Die Liebe, die ihr entzogen wird, gibt sie anderen. Nicht nur ihren Tieren, dem Schimmel Nikolaus, der Eule Rosalie, den Tauben, sondern auch den Menschen um sich. Sie ist mutig und wirft sich schützend vor andere, die geschlagen oder bestraft werden sollen.

Ist dies nicht eine kitschige, stereotype Aufopferung?

Nein! Aschenbrödel ist eine Person, die mit den Möglichkeiten, die sie hat, für eine gerechtere Welt kämpft. Eine moderne Heroin, nicht hehr, sondern greifbar und menschlich. Und genauso ist sie auch, wenn sie den Menschen trifft, mit dem sie sich verbunden fühlt. Er soll sie wirklich sehen, das erkennen, was sie ist, in all ihren Facetten, nicht nur die Erscheinung am Ball, herausgeputzt und elegant. Aschenbrödel ist wild und klug und frei. Wer es liebt, muss das verstehen und akzeptieren. Das ist nicht der einfachste Weg, aber der beeindruckendste. Und darin ist das Aschenbrödel eine der vielschichtigsten und vorbildhaftesten Märchenfiguren, die ich kenne.

Was bedeutet Ihnen der „Aschenbrödel"-Film?

Die Bedeutung des Filmes wuchs für mich mehr und mehr mit dem Spielen in unserer Theaterfassung. Das erste Mal gesehen habe ich „Drei Haselnüsse für Aschenbrödel" als Kind. Ich erinnere mich, dass ich darüber nachgedacht habe, was nun die Wahrheit ist. Denn ich kannte „Aschenputtel" von den Gebrüdern Grimm, aber auch den Zeichentrickfilm von Disney. Bis zu einem gewissen Alter akzeptiert man Märchen und Erzählungen ja als Tatsachen. Ich weiß aber, dass die tschechisch-deutsche Verfilmung mich schon damals mehr faszinierte. Wahrscheinlich hatte ich schon früh eine Vorliebe für das etwas Rauere und weniger Klischeehafte. Danach habe ich den Film immer mal wieder gesehen. In Wien, woher ich stamme, ist der Film zwar bekannt, hat aber nie die Bedeutung erlangt wie etwa in Dresden.

Wie oft sehen Sie den Film überhaupt noch?

Ein jährliches Ritual, das ich nicht mehr missen möchte, ist das Anschauen für mich erst geworden, seitdem ich das Aschenbrödel verkörpern darf. Besonders schön finde ich, dass sowohl der Film als auch unsere Theaterfassung Erwachsene und Kinder jedes Geschlechts begeistern. Ich nehme den Stellenwert, den der Film und diese Figur hier haben, sehr ernst. Ich habe mich gefreut, als wäre ich wieder ein kleines Mädchen, als mir mitgeteilt wurde, dass der Traum wahr wird, an einem der schönsten Drehorte, auf Schloss Moritzburg, zu spielen.

Sie sind auch Sängerin einer Rockband. Ist das Ihr Ausgleich für die schlagerhaften „Aschenbrödel"-Melodien?

Ich habe das Glück, sehr vielseitig eingesetzt zu werden in Rollen, die es mir ermöglichen, ihre Figuren als wirkliche Charaktere zu entwickeln. Oft bekomme ich Rückmeldungen von Menschen, die überrascht sind, nachdem sie mich zuerst als Aschenbrödel, dann als düstere Frau Tod in Taboris „Mein Kampf" und dann noch als die anstrengende Tante Augustine in „Acht Frauen" nach dem französischen Film gesehen haben, weil sie mich nicht einordnen können. Mein Anspruch als Schauspielerin ist es, die unterschiedlichsten Figuren so glaubhaft und fernab vom Holzschnitt zu zeichnen, dass das Publikum vergisst, dass ich spiele, sondern sich verführen lässt zu denken, ich sei wie die Figur, die es in diesem Augenblick erlebt. Also habe ich schon als Schauspielerin sehr viel Abwechslung und Ausgleich …

Was aber hat das mit der Rockband zu tun?
Mit Machine de Beauvoir kann ich mich Themen, die mich interessieren, künstlerisch noch von ganz anderen Seiten nähern. Das ist sehr reizvoll. Mein Musikgeschmack ist prinzipiell weitgefächert von Alternative bis Metall, Rock, Klassik über Blues, Chansons, Electronica und Theatermusik, wie die von Kurt Weill. Schlager ist tatsächlich fast das Einzige, was ich nicht höre. Unsere „Aschenbrödel"-Inszenierung auf Schloss Moritzburg würde ich aber auch mehr dem Genre des Musicals zuordnen.

Auch im Musical reitet Aschenbrödel auf einem Schimmel namens Nikolaus. Tatsächlich heißt er Kandelo.

Eine Pop-Prinzessin als Aschenbrödel

Für Fans von „Drei Haselnüsse für Aschenbrödel" war dies die positive Nachricht des Jahres 2021: Der Klassiker wird in Norwegen neu verfilmt. Kaum wurde sie bekannt, entbrannte in sozialen Netzwerken eine kontroverse Debatte – obwohl noch niemand den Film gesehen hatte.

Astrid Smeplass' Karriere begann 2013 in einer norwegischen Casting-Show.
Als Aschenbrödel gibt sie ihr Debüt als Schauspielerin.

Hei mine venner!!! Alles begann am 16. Februar 2021 mit diesem norwegischen Gruß nebst drei Ausrufezeichen. Hallo meine Freunde!!! Der auf Instagram veröffentlichte Post stammt von Sängerin Astrid S. Das dazugehörige Foto zeigt Astrid S, die mit bürgerlichem Namen Smeplass heißt, in ungewohntem Outfit. Statt wie gewohnt in freizügigen Kleidern und mit wild gestyltem Haar zu posieren, präsentierte sie sich als Mädchen in schlichter, bäuerlicher Kluft sowie mit einem sittsamen Zopf. Im Hintergrund steht ein uraltes Holzhaus, ringsum türmt sich Schnee. Was nur sollte das bedeuten?

„Hei mine venner!!! Jeg har ikke postet noe på en stund …", schrieb Astrid S. „Hallo meine Freunde!!! Ich habe lange nichts mehr gepostet, weil ich damit beschäftigt war, zu lernen, wie man auf einem Pferd reitet und mit Pfeilen schießt! Ich wurde gebeten, Aschenbrödel zu spielen in ‚Drei Haselnüsse für Aschenbrödel'. Erster Aufnahmetag heute!!!!"

Alsbald überschlugen sich die norwegischen Social-Media-Kommentatoren vor lauter Freude. Wunderschön! Fantastisch! Entzückend! Manche sahen bereits eine neue Weihnachtstradition entstehen, andere freuten sich, dass der altbekannte Märchenfilm entstaubt würde. Als sich die Nachricht langsam auch in Deutschland zu verbreiten begann, fielen die Kommentare weit verhaltener aus. Unser Aschenbrödel ist durch niemand zu ersetzen, hieß es. Oder auch: Die ersten Filme sind immer die schönsten. Neuverfilmungen können meistens nicht mithalten!

„Tre Nøtter Til Askepott" – so lautet der Filmtitel auf Norwegisch. Seit 1996 läuft das tschechisch-deutsche Märchen alljährlich im Weihnachtsprogramm des norwegischen Fernsehsenders NRK. Bis zu 800.000 Menschen sitzen dann vor den Empfangsgeräten, also jeder siebte Bürger des Landes. Der Film ist dort ebenso Kult wie in Deutschland. Auch Astrid S hat immer wieder Libuše Šafránková als Aschenbrödel gesehen. Als sie gebeten wurde, die Hauptrolle in der Neuverfilmung zu übernehmen, glaubte sie zunächst an einen Scherz.

Im Rampenlicht stand die Sängerin zwar bereits seit Jahren, noch nie aber hatte sie in einem Spielfilm mitgewirkt. Also waren zunächst Probeaufnahmen angesagt. Für Regisseurin Cecilie Mosli wurde die 24-jährige Astrid Smeplass alsbald zu „einer Entdeckung. Sie hat eine Sensibilität und Präsenz, die einzigartig ist." Der Rolle des Askepott habe sie sich mit großem Respekt genähert, erzählte Astrid S in einem Fernsehinterview. Sie sieht in dem von ihr verkörperten Aschenbrödel ein „mutiges und cooles Vorbild für junge Mädchen."

Zur Kulisse für den aufwendigen Dreh wurde größtenteils das Freilichtmuseum Maihaugen nahe Lillehammer. Zu ihm gehören rund 200 historische Gebäude, allerdings kein Schloss. Die entsprechende Anlage fand das Filmteam, nein, nicht im sächsischen Moritzburg, sondern in Litauen.

Das bekannteste Gesicht der Neuverfilmung ist zweifelsohne Kristofer Hivju; er tritt in einer Nebenrolle auf. Mit seinem Markenzeichen hätte der Norweger indes auch kaum den jungen Prinzen spielen können. Hivju trägt einen rötlichen Rauschebart sowie eine wallende Mähne. Weltbekannt wurde er durch „Game of Thrones". In der Fantasy-Serie mimte er den unerschrockenen Krieger Tormund Riesentod.

Kristofer Hivju.

Märchenhafte Verpackung

Es gibt Fragen, die klingen derart banal, dass man sich mitunter nicht traut, sie aufzuwerfen. Dann aber, eines Tages, siegt die Neugier und man stellt sie trotzdem. Diese Frage gehört gewiss dazu: Warum stecken Aschenbrödels Kleider ausgerechnet in Haselnüssen?

Erst purzelt ein Jägerkostüm aus einer Haselnuss, dann erhält Aschenbrödel ein Ballkleid, ehe ihr die dritte Nuss das Hochzeitskleid beschert. So führt es der Märchenfilm vor Augen, der damit dicht an der literarischen Vorlage von Božena Němcová bleibt. Bei ihr entspringen den Nüssen ein golden schimmerndes Sonnenkleid, ein silberfarbenes Mondkleid und ein Sternkleid, das aussieht, als bestünde es aus lauter Edelsteinen. Wie aber gelangten all diese prächtigen Gewänder in derart kleine Nüsse?

Die Geschichte verlangt danach, wie ein Märchen erzählt zu werden – von Anbeginn also. Ganz am Anfang, da steht das Aschenputtel der Brüder Grimm. In ihrer 1812 veröffentlichten Erstausgabe heißt es: „Es war einmal ein reicher Mann, der lebte lange Zeit vergnügt mit seiner Frau, und sie hatten ein einziges Töchterlein zusammen. Da ward die Frau krank, und als sie todtkrank ward, rief sie ihre Tochter und sagte: Liebes Kind, ich muß dich verlassen, aber wenn ich oben im Himmel bin, will ich auf dich herab sehen, pflanz ein Bäumlein auf mein Grab, und wenn du etwas wünschest, schüttele daran, so sollst du es haben, und wenn du sonst in Noth bist, so will ich dir Hülfe schicken, nur bleib fromm und gut. Nachdem sie das gesagt, that sie die Augen zu und starb; das Kind aber weinte und pflanzte ein Bäumlein auf das Grab und brauchte kein Wasser hin zu tragen, und es zu begießen, denn es war genug mit seinen Thränen." Von einem Haselstrauch ist in dieser Urfassung nicht die Rede; auch Haselnüsse kommen nicht vor. Den Märchensammlern war offenbar nicht wichtig, das Bäumlein näher zu beschreiben.

Das änderte sich erst 1819, als die zweite Fassung des grimmschen Märchens erschien. Es unterscheidet sich in wichtigen Details von der vorherigen Fassung. Nun pflanzt Aschenputtel nicht gleich nach dem Tod der Mutter ein Bäumchen auf deren Grab. Erst vergeht noch ein langer, schneereicher Winter, ehe sich sein Vater neu vermählt. Fortan gehören auch zwei Stiefschwestern zur Familie. Ihnen bringt er von einer Reise schöne Kleider mit und Perlen, dem Aschenputtel aber, so heißt es, „gab er das Reis von dem Haselbusch. Aschenputtel nahm es, ging damit zu seiner Mutter Grab und pflanzte es darauf und weinte so sehr, daß das Reis von seinen Thränen begoßen ward. Es wuchs aber und ward ein schöner Baum. Aschenputtel ging alle Tage dreimal darunter, weinte und betete." Schließlich beschreiben die Grimms, wie das trauernde Mädchen zu seinen wunderschönen Kleidern kommt. „Aschenputtel ging zu seiner Mutter Grab unter den Haselbaum und rief: Bäumchen rüttel dich und schüttel dich! Wirf Gold und Silber über mich!"

Doch warum lassen Jacob und Wilhelm Grimm ihre Protagonistin ausgerechnet einen Haselbaum pflanzen? Hätte sie nicht auch ein Apfelbäumchen setzen können oder eine Kastanie? Die Erklärung findet sich in der uralten Mythologie. Bereits in vorchristlicher Zeit maßen viele Völker dem Haselstrauch besondere Bedeutung bei. So sollen die Kelten ihren Verstorbenen Haselzweige mit ins Grab gegeben haben. Sie galten als Vermittler zwischen der realen Welt und jener Welt, in der die Götter und mit ihnen die Ahnen lebten. Die Römer sahen in der Hasel ein Friedenszeichen. Die Germanen wiederum verehrten den bereits zu Jahresbeginn blühenden Strauch als Symbol der Fruchtbarkeit.

Eingangs des Mittelalters umzäunten die Franken besondere Schwurstätten mit Haselzweigen. Zugleich versuchten sie, den mit der Hasel verbundenen Liebeszauber per Gesetz zu verbieten. Vergebens, wie sich zeigen sollte. Über die Jahrhunderte

163. Corylus Avellana L. **Haselstrauch.**

hinweg behauptete die Hasel ihre besondere Magie, wenn auch unter teils anderen Vorzeichen. So wurde aus dem Zeichen der Fruchtbarkeit auch eines der ungezügelten Triebe und außerehelichen Sexualität. Ebenso schrieb man Haselzweigen wundersame Kräfte als Mittler zwischen den Welten zu. Angeblich hielten sie Blitze fern, bannten böse Geister und Hexen. Gut möglich, dass genau in dieser Vorstellung das Motiv dafür wurzelt, Aschenputtel ausgerechnet ein Haselbäumchen auf das Grab seiner Mutter pflanzen zu lassen. Das Bäumlein sollte die Verstorbene vor weiterem Unheil bewahren.

Auch Ludwig Bechstein erzählte in seinem 1845 veröffentlichten Märchen „Aschenbrödel" von einem Haselbäumchen auf dem Grab der Mutter. Wie bei den Grimms rüttelt und schüttelt es sich. Herunter purzeln allerdings auch bei ihm keine Nüsse – sondern ein Kleid, Strümpfe und Schuhe. Erst Božena Němcová entschied sich in ihrer nahezu zeitgleich entstandenen Märchenversion für Haselnüsse als zauberhafterz Geschenkverpackung. Was hat sie dazu bewogen? Wir können darüber nur noch orakeln ... Es sei denn, eines Tages taucht ein Brief oder ein anderes, bisher unbekanntes Schriftstück der Tschechin auf, in dem sie es selbst erklärt. Allerdings wird ein solcher Text wohl kaum in einer Haselnuss zu finden sein.

Dieses Schaubild der Gemeinen Hasel erschien 1885
in dem in Thüringen verlegten Fachbuch „Flora von Deutschland,
Österreich und der Schweiz".

10 nussige Fakten

1.

Haselnüsse wachsen zumeist an Haselsträuchern. In Deutschland ist die Gemeine Hasel weitverbreitet. Sie gehört zur Familie der Birkengewächse.

2.

Die Wuchsform der Gemeinen Hasel als Baum – wie in Grimms Märchen „Aschenputtel" beschrieben – ist selten. Als Strauch treibt die Pflanze etliche Stämmchen aus.

3.

Die Gemeine Hasel blüht zwischen Januar und März. Ein Strauch trägt sowohl weibliche Blüten (Knospen) als auch männliche Blüten (Kätzchen). Zur Befruchtung ist daher kein zweites Hasel-Gewächs erforderlich. Viele Menschen reagieren allergisch auf den Pollenflug. Auch der Verzehr der Nüsse kann allergische Reaktionen auslösen.

4.

Reife Nüsse können bereits ab August geerntet werden. Wer selbst Nüsse sammeln möchte, sollte jene nehmen, die heruntergefallen sind. Früchte, die noch am Baum hängen, sind unreif.

5.

Bei den im Handel erhältlichen Haselnüssen handelt es sich meist um die mit ihnen verwandten Lambertsnüsse. Ihre Hauptanbaugebiete liegen entlang des Schwarzen Meeres.

6.

Mehr als die Hälfte der weltweiten Haselnussernte wird in der Türkei eingebracht. Italien, Aserbaidschan und die USA produzieren ebenfalls größere Mengen, ebenso China und Frankreich.

7.

Über 60 % des Gewichtsanteils der Nüsse machen Fettsäuren aus. Auch Vitamine und Mineralstoffe kommen reichlich in Haselnüssen vor. Die B-Vitamine gelten als Nervennahrung. Ernährungsexperten empfehlen, täglich einige Nüsse zu verzehren, idealerweise einen Nuss-Mix.

8.

$C_8H_{14}O$ ist die Summenformel des wichtigsten Aromastoffs der Haselnuss. Der Trivialname Filberton geht zurück auf den französischen Abt Philibert von Jumièges, der im 7. Jahrhundert gelebt hat. Er war kein Haselnuss-Experte. Allerdings fällt sein Gedenktag (20. August) auf den Beginn der Haselnuss-Ernte, weshalb zunächst eine Nusssorte und später der Wirkstoff nach ihm benannt wurden.

9.

Haselnüsse sind als Zutat zu Schokolade, Nuss-Nougat-Creme und Eis beliebt. Auch aus der Kuchen- und Plätzchen-Bäckerei sind sie nicht wegzudenken.

10.

Jeder achte Deutsche verzehrt Nuss-Nougat-Creme mehrmals pro Woche. Das ergab eine repräsentative Umfrage im Jahr 2020. Marmelade ist als Brotaufstrich beliebter.

Bestens gewappnet

Nomen est omen. Der Name deutet darauf hin. Die lateinische Weisheit bewahrheitet sich einmal mehr bei Orten, die Hasselbach und Haslach heißen, Kirchhasel und Hassel. Sie tragen Haselnüsse im Wappen. Warum ist dies aber auch bei Langenlehsten der Fall?

In Schleswig-Holstein liegt ein Kreis mit dem wunderprächtigen Namen Herzogtum Lauenburg. Gut möglich, dass Aschenbrödel bereits das Wappen des Kreises gefallen würde. Immerhin zeigt es den Kopf eines Schimmels. Im Märchenfilm ist Schimmel Nikolaus der treue Begleiter des Mädchens. Auch die Wahl des Wohnsitzes innerhalb des Herzogtums Lauenburg dürfte Aschenbrödel nicht schwerfallen. Es würde sich wohl für Langenlehsten entscheiden. Das Dorf führt drei silberne Haselnüsse an einem goldenen Zweig im Wappen.

Die märchenhafte Symbolik geht auf den Ortsnamen zurück. Langenlehsten ist wendischen Ursprungs. In der Sprache dieses

Aßlar

Haslach
im Kinzigtal

Hasselbach
im Hunsrück

slawischen Volkes bedeutet „lesten" so viel wie: bei den Haselnussträuchern. Dagegen gibt das Wappen von Sprockhövel in Nordrhein-Westfalen ein Rätsel auf. Klar ist, dass die hier dargestellten Haselnüsse dem Wappen des früher selbstständigen Stadtbezirks Haßlinghausen entlehnt sind. Die Stadtverwaltung weist jedoch ausdrücklich darauf hin, dass dessen Name nicht auf ‚Hasel' zurückgehe. Die Nüsse seien deshalb irrtümlich aufs Wappen gelangt.

Haselnüsse, -blätter und -zweige finden sich nicht nur in Deutschland auf zahlreichen Ortswappen wieder. Die Zahl der Nüsse variiert meist zwischen eins und fünf, besonders häufig werden drei Nüsse dargestellt. Dies ist einem geometrischen Darstellungsprinzip zu verdanken. Heraldiker, also Experten für Wappenkunde, sprechen vom Dreipass. Die älteste bekannte Abbildung eines Wappens mit drei Haselnüssen stammt aus Österreich. Sie findet sich als Siegelabdruck auf einer Urkunde wieder, die ein Burgherr in Kärnten anno 1335 beglaubigt hatte.

Hasselroth

Hisel

Sprockhövel

POPULÄRER IRRTUM

Aus die Maus!

Die Vorliebe für Haselnüsse hat ihr den Namen eingebracht. Doch die possierlich anmutende Haselmaus ist überhaupt keine Maus.

Was sind Haselmäuse den Deutschen wert? Eine der möglichen Antworten erteilte im Jahr 2020 das Bundesministerium der Finanzen. Die Behörde gab eine Briefmarke mit dem Foto einer Haselmaus heraus. Deren Wert betrug 95 Cent. Damit können Briefe frankiert werden, die bis zu 50 Gramm schwer sind. Das entspricht dem Gewicht von immerhin zwei dieser Mäuse …

Halt! Stopp! Haselmäuse sind keine Mäuse. Die Tiere gehören zur Familie der Bilche. Deren bekanntester Vertreter ist der Siebenschläfer. Dass die Haselmaus dennoch Maus genannt wird, ist ihrer Ähnlichkeit mit den kleinen Nagern geschuldet. Allerdings haben genetische Untersuchungen ergeben, dass Bilche näher mit Eichhörnchen verwandt sind als mit Feldmäusen.

Die Haselmaus wird kaum länger als 15 Zentimeter, wovon knapp die Hälfte auf den Schwanz entfällt. Muscardinus avellanarius, so der lateinische Name, gilt als Kletterkünstler. Ihr gereicht zum Vorteil, dass sie über eine ähnliche Fähigkeit verfügt wie der Mensch. Sie kann ihre Finger krümmen und somit selbst dünne Äste umklammern. Sowohl in Haselsträuchern als auch in Brombeerhecken fühlt sich die Haselmaus wohl. Hier baut sie auch ihre Nester. Dass Menschen die Tiere nur selten zu Gesicht bekommen, hat aber nicht nur mit deren weitgehend geschütztem Lebensraum zu tun. Haselmäuse sind noch dazu nachtaktiv.

Trotzdem gibt es ein eindeutiges Indiz für die Anwesenheit der unter Naturschutz stehenden Haselmäuse. Wenn sie Nüsse knacken, dann geschieht dies durch ein markantes, kreisrundes

Aufknabbern. Die Bissspuren verlaufen parallel zum Rand des entstehenden Lochs. Kein anderes Tier öffnet Haselnüsse auf die gleiche Weise. Biologen nutzen dieses Phänomen und betrachten aufgefundene Nussschalen als indirekten Nachweis für die Tiere.

Die Haselmaus ähnelt in Größe und Form einer echten Maus. Sie lebt versteckt in Hecken und Sträuchern.

Aschenbrödel und der Kalte Krieg

Obwohl die Geschichte von Aschenputtel bzw. Aschenbrödel seit mehr als 200 Jahren in Deutschland erzählt wird, gibt es erstaunlich wenige Märchen-Briefmarken dazu. Immerhin ließ ein sächsischer Postdienstleister im Jahr 2018 zwei Marken zum „Aschenbrödel"-Film gestalten.

Briefmarkensammler in Deutschland fieberten zwischen 1959 und 1985 immer wieder aufs Neue der Adventszeit entgegen. Zunächst war es die Deutsche Bundespost, die ausgangs des Jahres stets neue Sonderbriefmarken mit Märchenmotiven in Umlauf brachte. Bis 1967 erschienen Briefmarken zu neun grimmschen Märchen, darunter „Aschenputtel". 1966 begann auch die DDR damit, märchenhafte Sonderbriefmarken aufzulegen. Zunächst handelte es sich um grimmsche Geschichten, später folgten auch solche anderer Erzähler.

Während die westdeutschen Märchenmarken am Postschalter als Einzelmarken erhältlich waren, gab es die ostdeutschen Marken in Form von Blöcken. Das heißt, dass jeweils sechs verschiedene Motive in einem zusammenhängenden Bogen gedruckt und verkauft wurden. Wer mit ihnen einen Brief frankieren wollte, hätte die Marken vor dem Verwenden aus dem Block heraustrennen und einzeln aufkleben müssen. Natürlich hatte die Deutsche Post mit diesen besonderen Briefmarkenausgaben anderes im Sinn. Die in Auflage von 2 bis 2,5 Millionen gedruckten Blöcke waren für höhere Weihen bestimmt. Sie sollten Sammlerherzen begeistern – und das in Ost wie West.

Ausgerechnet Aschenbrödel erschien nicht auf einem Briefmarken-Block. Dabei hätte angesichts der Filmpremiere von „Drei Haselnüsse für Aschenbrödel" 1973 in der ČSSR und 1974 in der DDR sogar ein aktueller Anlass bestanden. Stattdessen gab die Deutsche Post in beiden Jahren jeweils Märchen von Alexei Tolstoi den Vorzug. Warum ließ man sich die Gelegenheit ent-

Linda Drescher und Alexander Hesse präsentieren vergrößerte Aschenbrödel-Briefmarken vor Schloss Moritzburg.

gehen? Die Antwort darauf ist anno 1965 zu finden – sowie im anderen Teil des damals noch geteilten Deutschlands. In jenem Jahr hatte die Deutsche Bundespost vier Aschenputtel-Briefmarken aufgelegt. In der DDR galt die eiserne Regel: Märchen, die bereits in Westdeutschland auf Briefmarken zu sehen waren, werden bei den eigenen Ausgaben nicht berücksichtigt. So erging es „Rotkäppchen" und „Frau Holle", „Dornröschen" und eben auch „Aschenputtel". Der Kalte Krieg regierte still und leise auch in die wunderbare Welt der Märchen hinein …

Es sollte bis 2018 dauern, ehe Aschenbrödel in Ostdeutschland doch noch groß herauskam. Hier hatte das in Dresden ansässige Unternehmen PostModern die Tradition der Weihnachtsbriefmarken neu aufleben lassen. Da sich mit Schloss Moritzburg einer der „Aschenbrödel"-Drehorte vor Dresdens Haustür befand, lag es nahe, Filmszenen abzubilden. Die beiden Briefmarken zeigen jeweils Hauptdarstellerin Libuše Šafránková, mal als Magd, mal als Braut. Kaum war diese Edition erhältlich, rauschte es im deutschen und tschechischen Blätterwald. Die vielen Berichte in Zeitungen und im Fernsehen trugen dazu bei, dass die gesamte Auflage rasch ausverkauft war. Wer heutzutage diese Marken noch ergattern möchte, braucht viel Glück.

Diese Aschenputtel-Motive erschienen 1965 in der Bundesrepublik sowie in Westberlin.

10 Geschichten, die man nicht kennen muss

TIERISCHE FREUNDE
Aschenbrödels Pferd heißt Nikolaus, sie spricht mit einer Eule namens Rosalie und hat den Hund Kasperle zum Freund. In der tschechischen Version tragen ihre tierischen Gefährten die Namen Jurášek, Rozárka und Tajtrlík. Auch eine Katze namens Mohrle hat einen Kurzauftritt.

DER DOPPELTE NIKOLAUS
Aschenbrödel reitet zwei verschiedene Schimmel, die als ein- und dasselbe Pferd erscheinen. Geschuldet soll diese Doppelbesetzung der damals in Tschechien ausgebrochenen Maul- und Klauenseuche sein. Deshalb waren laut Defa-Stiftung grenzüberschreitende Tiertransporte verboten. Allerdings werden Pferde überhaupt nicht von dieser Seuche befallen.

PERFEKTE ILLUSION
Wenn Aschenbrödel den Ball besucht, verschmelzen zwei Welten. Die Außenaufnahmen wurden vor der Kulisse von Schloss Moritzburg gedreht, während die eigentlichen Ballszenen im Babelsberger Defa-Studio aufgenommen worden sind. Auch die Szenen, die in Aschenputtels Dachkammer spielen, entstanden im Studio.

LANGER HEIMWEG
Wie lange musste Aschenbrödel reiten, um vom Ball nach Hause zu kommen? Im Film vergehen nur wenige Momente. Jedoch ist Schloss Moritzburg 190 Kilometer Luftlinie von der Wasserburg Švihov entfernt. Wenn man bedenkt, dass ein gut trabendes Pferd durchschnittlich 15 km/h schnell ist, hätte Aschenbrödel

also fast 13 Stunden nonstop reiten müssen. Da Luftlinien immer erheblich kürzer sind als tatsächliche Wegstrecken, wären weitere Stunden dazugekommen.

KLEINE MEERJUNGFRAU

Im Film hat Aschenbrödel eine Stiefschwester, tatsächlich besaß Hauptdarstellerin Libuše Šafránková eine Schwester. Die fünf Jahre jüngere Miroslava stand ebenfalls für einen bekannten Märchenfilm vor der Kamera. 1975 spielte sie die Titelrolle in „Die kleine Meerjungfrau" – nach Motiven von Hans Christian Andersen. In der DDR wurde Miroslava Šafránková zudem als Titelheldin der neunteiligen Fernsehserie „Jockei Monika" bekannt.

MÄRCHEN JA, MÄHRISCH NEIN

Sowohl in der tschechischen als auch in der deutschen Fassung wurde Hauptdarsteller Pavel Trávníček synchronisiert. Daraufhin hielt man den Prinzen in seinem Heimatland mitunter für einen deutschen Schauspieler. Dass er im tschechischen Original nicht zu Wort kommen durfte, lag an seinem starken mährischen Akzent.

ASCHENBRÖDELS HOCHZEITSTORTE

Im Musical „Drei Haselnüsse für Aschenbrödel" kommt Schloss Moritzburg gleich zweimal vor. Zum einen stellt es die authentische Kulisse für die Inszenierung der Landesbühnen Sachsen dar. Zum anderen ziert eine Nachbildung des Märchenschlosses die Hochzeitstorte. Wie war indes die Torte im Film beschaffen? Diese Frage ist zugegebenermaßen etwas gemein. In der Verfilmung gibt es weder eine Hochzeitsfeier noch eine Torte.

ZWEI WEITERE HOCHZEITEN

Die beiden Hauptdarsteller des „Aschenbrödel"-Films, Libuše Šafránková und Pavel Trávníček, standen 1982 erneut gemeinsam als Prinzessin und Prinz vor der Kamera. In dem tschechischen Märchenfilm „Der dritte Prinz" übernahmen beide eine Doppelrolle und verkörperten jeweils Zwillinge. Zum Happy End gibt es sogar drei Prinzen, zwei Prinzessinnen und eine Doppelhochzeit.

DES PRINZEN HAUSLEHRER

Im „Aschenbrödel"-Film gibt es weit mehr handelnde Personen als in der Märchenvorlage. Dazu gehört der Präzeptor. Der Königssohn versucht mehrfach, dessen Unterricht zu entfliehen, was zu humorvollen Situationen führt. In Deutschland waren mit Johann Gottfried Herder und Christoph Martin Wieland zwei Große der Weimarer Klassik zeitweise als sogenannte Fürstenerzieher tätig. Sie reizte die Möglichkeit, Prinzen zu aufgeklärten Herrschern zu erziehen.

DIE ASCHENPUTTEL-KIRCHE

An Cinderellas gläsernen Schuh erinnert die Architektur eines 2016 eingeweihten Gebäudes in Budai (Taiwan). Dessen Außenhülle hat die Form eines Stöckelschuhs, sie ist größtenteils transparent. Der Bau gilt als Hommage an die Opfer von Gangrän. Die durch verseuchtes Wasser hervorgerufene Krankheit führte in den 1950er Jahren dazu, dass Patienten die Füße amputiert werden mussten. Da in dem Gebäude Hochzeiten stattfinden, wird es als Aschenputtel-Kirche bezeichnet.

Graziöse Vogelschar

Aschenbrödels Hengst, die Eule sowie ihr Hund tragen Namen. Doch ausgerechnet jene Tiere, die für das Mädchen besonders wichtig sind, spricht es nicht individuell an – die Tauben. Es sind Pfautauben, die zunächst Erbsen aus der Asche lesen und dann Linsen sowie Maiskörner sortieren. Der Name dieser Vögel deutet auf ihr aufgefächertes Schwanzgefieder hin; es erinnert an das eines Pfaus. Aber auch ihr graziöses Verhalten sowie die vielen Farbenschläge bringen Züchter immer wieder zum Schwärmen. Es gibt unter anderem rote, gelbe und blaue, getigerte und gescheckte, silberne sowie aschfahle Gefieder.

Pfautauben stammen ursprünglich aus Indien. Ihre ersten Vertreter gelangten im 17. Jahrhundert nach Europa. In Deutschland erlangten die weißen Pfautauben der Wartburg eine gewisse Berühmtheit. Ihr erster gesicherter Nachweis auf der Burg datiert aus dem Jahr 1823.

Rucke di guck, rucke di guck!

Im Jahre 1812 erschien die älteste bekannte „Aschenputtel"-Version der Brüder Grimm. Die „Aschenbrödel"-Autorin Božena Němcová hatte sich drei Jahrzehnte später stark von der deutschen Märchenfassung inspirieren lassen. Wir dokumentieren diesen Urtext in seiner damaligen Schreibweise.

Es war einmal ein reicher Mann, der lebte lange Zeit vergnügt mit seiner Frau, und sie hatten ein einziges Töchterlein zusammen. Da ward die Frau krank, und als sie todtkrank ward, rief sie ihre Tochter und sagte: „liebes Kind, ich muß dich verlassen, aber wenn ich oben im Himmel bin, will ich auf dich herab sehen, pflanz ein Bäumlein auf mein Grab, und wenn du etwas wünschest, schüttele daran, so sollst du es haben, und wenn du sonst in Noth bist, so will ich dir Hülfe schicken, nur bleib fromm und gut." Nachdem sie das gesagt, that sie die Augen zu und starb; das Kind aber weinte und pflanzte ein Bäumlein auf das Grab und brauchte kein Wasser hin zu tragen, und es zu begießen, denn es war genug mit seinen Thränen.

Der Schnee deckte ein weiß Tüchlein auf der Mutter Grab, und als die Sonne es wieder weggezogen hatte, und das Bäumlein zum zweitenmal grün geworden war, da nahm sich der Mann eine andere Frau. Die Stiefmutter aber hatte schon zwei Töchter, von ihrem ersten Mann, die waren von Angesicht schön, von Herzen aber stolz und hoffährtig und bös. Wie nun die Hochzeit gewesen, und alle drei in das Haus gefahren kamen, da ging schlimme Zeit für das arme Kind an. „Was macht der garstige Unnütz in den Stuben", sagte die Stiefmutter, „fort mit ihr in die Küche, wenn sie Brod essen will, muß sies erst verdient haben, sie kann unsere Magd seyn." Da nahmen ihm die Stiefschwestern die Kleider weg, und zogen ihm einen alten grauen Rock an: „der ist gut für dich!" sagten sie, lachten es aus und führten es in die Küche. Da mußte das arme Kind so schwere

Arbeit thun: früh vor Tag aufstehen, Wasser tragen, Feuer anmachen, kochen und waschen und die Stiefschwestern thaten ihm noch alles gebrannte Herzeleid an, spotteten es, schütteten ihm Erbsen und Linsen in die Asche, da mußte es den ganzen Tag sitzen und sie wieder auslesen. Wenn es müd war Abends kam es in kein Bett, sondern mußte sich neben dem Heerd in die Asche legen. Und weil es da immer in Asche und Staub herumwühlte und schmutzig aussah, gaben sie ihm den Namen Aschenputtel.

Auf eine Zeit stellte der König einen Ball an, der sollte in aller Pracht drei Tage dauern, und sein Sohn, der Prinz, sollte sich eine Gemahlin aussuchen; dazu wurden die zwei stolzen Schwestern auch eingeladen. „Aschenputtel riefen sie, komm herauf, kämme uns die Haare, bürst uns die Schuhe und schnalle sie fest, wir gehen auf den Ball zu dem Prinzen." Aschenputtel gab sich alle Mühe und putzte sie so gut es konnte, sie gaben ihm aber nur Scheltworte dazwischen, und als sie fertig waren, fragten sie spöttisch: „Aschenputtel, du gingst wohl gern mit auf den Ball?" – „Ach ja, wie kann ich aber hingehen, ich habe keine Kleider." – „Nein, sagte die älteste, das wär mir recht, daß du dich dort sehen ließest, wir müßten uns schämen, wenn die Leute hörten, daß du unsere Schwester wärest; du gehörst in die Küche, da hast du eine Schüssel voll Linsen, wann wir wieder kommen muß sie gelesen seyn, und hüt dich, daß keine böse darunter ist, sonst hast du nichts Gutes zu erwarten."

Damit gingen sie fort, und Aschenputtel stand und sah ihnen nach, und als es nichts mehr sehen konnte, ging es traurig in die Küche, und schüttete die Linsen auf den Heerd, da war es ein großer, großer Haufen. „Ach, sagte es und seufzte dabei, da muß ich dran lesen bis Mitternacht und darf die Augen nicht zufallen lassen, und wenn sie mir noch so weh thun, wenn das meine Mutter wüßte!" Da kniete es sich vor den Heerd in die Asche und wollte anfangen zu lesen, indem flogen zwei weiße Tauben durchs Fenster und setzten sich neben die Linsen auf den Heerd; sie nickten mit den Köpfchen und sagten: „Aschenputtel, sollen wir dir helfen Linsen lesen?" „Ja", antwortete Aschenputtel: „die schlechten ins Kröpfchen, die guten ins Töpfchen."

Und pick, pick! pick, pick! fingen sie an und fraßen die schlechten weg und ließen die guten liegen. Und in einer Viertelstunde waren die Linsen so rein, daß auch nicht eine falsche darunter war, und Aschenputtel konnte sie alle ins Töpfchen streichen. Darauf aber sagten die Tauben: „Aschenputtel, willst du deine Schwestern mit dem Prinzen tanzen sehen, so steig auf den Taubenschlag." Aschenputtel ging ihnen nach und stieg bis auf den letzten Leitersproß, da konnte es in den Saal sehen, und sah seine Schwestern mit dem Prinzen tanzen, und es flimmerte und glänzte von viel tausend Lichtern vor seinen Augen. Und als es sich satt gesehen, stieg es wieder herab, und es war ihm schwer ums Herz, und legte sich in die Asche und schlief ein.

Am andern Morgen kamen die zwei Schwestern in die Küche, und als sie sahen, daß Aschenputtel die Linsen rein gelesen, waren sie böse, denn sie wollten es gern schelten, und da sie das nicht konnten, huben sie an von dem Ball zu erzählen und sagten: „Aschenputtel, das ist eine Lust gewesen, bei dem Tanz, der Prinz, der allerschönste auf der Welt hat uns dazu geführt, und eine von uns wird seine Gemahlin werden." – „Ja" sagte Aschenputtel, „ich habe die Lichter flimmern sehen, das mag recht prächtig gewesen seyn." – „Ei! wie hast du das angefangen," fragte die älteste. – „Ich hab' oben auf den Taubenstall gestanden." – Wie sie das hörte, trieb sie der Neid und sie befahl, daß der Taubenstall gleich sollte niedergerissen werden.

Aschenputtel aber mußte sie wieder kämmen und putzen; da sagte die jüngste, die noch ein wenig Mitleid im Herzen hatte: „Aschenputtel, wenns dunkel ist, kannst du hinzugehen und von außen durch die Fenster gucken!" – „Nein", sagte die älteste, „das macht sie nur faul, da hast du einen Sack voll Wicken, Aschenputtel, da lese die guten und bösen auseinander und sey fleißig, und wenn du sie morgen nicht rein hast, so schütte ich dir sie in die Asche und du mußt hungern, bis du sie alle herausgesucht hast."

Aschenputtel setzte sich betrübt auf den Heerd und schüttete die Wicken aus. Da flogen die Tauben wieder herein und thaten freundlich: „Aschenputtel, sollen wir dir die Wicken lesen?" „Ja, – die schlechten ins Kröpfchen, die guten ins Töpfchen."

Pick, pick! pick, pick! gings so geschwind, als wären zwölf Hände da. Und als sie fertig waren, sagten die Tauben: „Aschenputtel, willst du auch auf den Ball gehen und tanzen?" – „O du mein Gott", sagte es, „wie kann ich in meinen schmutzigen Kleidern hingehen?" – „Geh zu dem Bäumlein auf deiner Mutter Grab, schüttele daran und wünsche dir schöne Kleider, komm aber vor Mitternacht wieder." – da ging Aschenputtel hinaus, schüttelte das Bäumlein und sprach: „Bäumlein rüttel und schüttel dich, wirf schöne Kleider herab für mich!"

Kaum hatte es das ausgesagt, da lag ein prächtig silbern Kleid vor ihm, Perlen, seidene Strümpfe mit silbernen Zwickeln und silberne Pantoffel und was sonst dazu gehörte. Aschenputtel trug alles nach Haus, und als es sich gewaschen und angezogen hatte, da war es so schön wie eine Rose, die der Thau gewaschen hat. Und wie es vor die Hausthüre kam, so stand da ein Wagen mit sechs federgeschmückten Rappen und Bediente dabei in Blau und Silber, die hoben es hinein, und so gings im Gallop zu dem Schloß des Königs.

Der Prinz aber sah den Wagen vor dem Thor halten, und meinte eine fremde Prinzessin käme angefahren. Da ging er selbst die Treppe hinab, hob Aschenputtel hinaus und führte es in den Saal. Und als da der Glanz der viel tausend Lichter auf es fiel, da war es so schön, daß jedermann sich darüber verwunderte, und die Schwestern standen auch da und ärgerten sich, daß jemand schöner war wie sie, aber sie dachten nimmermehr, daß das Aschenputtel wäre, das zu Haus in der Asche lag. Der Prinz aber tanzte mit Aschenputtel und ward ihm königliche Ehre angethan. Er gedachte auch bei sich: ich soll mir eine Braut aussuchen, da weiß ich mir keine als diese. Für so lange Zeit in Asche und Traurigkeit lebte Aschenputtel nun in Pracht und Freude; als aber Mitternacht kam, eh' es zwölf geschlagen, stand es auf, neigte sich und wie der Prinz bat und bat, so wollte es nicht länger bleiben. Da führte es der Prinz hinab, unten stand der Wagen und wartete, und so fuhr es fort in Pracht wie es gekommen war.

Als Aschenputtel zu Haus war, ging es wieder zu dem Bäumlein auf der Mutter Grab: „Bäumlein rüttel dich und schüttel dich! nimm die Kleider wieder für dich!" Da nahm der Baum die Kleider wieder, und Aschenputtel hatte sein altes Aschenkleid an, damit ging es zurück, machte sich das Gesicht staubig und legte sich in die Asche schlafen.

Am Morgen darauf kamen die Schwestern, sahen verdrießlich aus und schwiegen still. Aschenputtel sagte: „ihr habt wohl gestern Abend viel Freude gehabt" – „Nein, es war eine Prinzessin da, mit der hat der Prinz fast immer getanzt, es hat sie aber niemand gekannt und niemand gewußt, woher sie gekommen ist." – „Ist es vielleicht die gewesen, die in den prächtigen Wagen mit den sechs Rappen gefahren ist?" sagte Aschenputtel. – „Woher weißt du das?" – „Ich stand in der Hausthüre, da sah ich sie vorbeifahren," – „In Zukunft bleib bei deiner Arbeit", sagte die älteste und sah Aschenputtel böse an, „was brauchst du in der Hausthüre zu stehen."

Aschenputtel mußte zum drittenmal die zwei Schwestern putzen, und zum Lohn gaben sie ihm eine Schüssel mit Erbsen, die sollte sie rein lesen; „und daß du dich nicht unterstehst von der Arbeit wegzugehen," rief die älteste noch nach. Aschenputtel gedachte: wenn nur meine Tauben nicht ausbleiben, und das Herz schlug ihm ein wenig. Die Tauben aber kamen wie an dem vorigen Abend und sagten: „Aschenputtel, sollen wir dir die Erbsen lesen?" – „Ja, die schlechten ins Kröpfchen, die guten ins Töpfchen."

Die Tauben pickten wieder die bösen heraus, und waren bald damit fertig, dann sagten sie: „Aschenputtel, schüttele das Bäumlein, das wird dir noch schönere Kleider herunter werfen, geh auf den Ball, aber hüte dich, daß du vor Mitternacht wieder kommst." Aschenputtel ging hin: „Bäumlein rüttel dich und schüttel dich, wirf schöne Kleider herab für mich."

Da fiel ein Kleid herab noch viel herrlicher und prächtiger als das vorige, ganz von Gold und Edelgesteinen, dabei goldgezwickelte Strümpfe und goldene Pantoffel; und als Aschenputtel damit angekleidet war, da glänzte es recht, wie die Sonne am Mittag. Vor der Thüre hielt ein Wagen mit sechs Schimmeln, die hatten hohe weiße Federbüsche auf dem Kopf, und die Bedienten waren in Roth und Gold gekleidet. Als Aschenputtel ankam, stand schon der Prinz auf der Treppe und führte sie in den Saal. Und waren gestern alle über ihre Schönheit erstaunt, so erstaunten sie heute noch mehr und die Schwestern standen in der Ecke und waren blaß vor Neid, und hätten sie gewußt, daß das Aschenputtel war, das zu Haus in der Asche lag, sie wären gestorben vor Neid.

Der Prinz aber wollte wissen, wer die fremde Prinzessin sey, woher sie gekommen und wohin sie fahre, und hatte Leute auf die Straße gestellt, die sollten Acht darauf haben, und damit sie nicht so schnell fortlaufen könne, hatte er die Treppe ganz mit Pech bestreichen lassen. Aschenputtel tanzte und tanzte mit dem Prinzen, war in Freuden und gedachte nicht an Mitternacht. Auf einmal, wie es mitten im Tanzen war, hörte es den Glockenschlag, da fiel ihm ein, wie die Tauben es gewarnt, erschrak und eilte zur Thüre hinaus und flog recht die Treppe hinunter. Weil die aber mit Pech bestrichen war, blieb einer von den goldenen Pantoffeln festhängen, und in der Angst dacht es nicht daran, ihn mitzunehmen. Und wie es den letzten Schritt von der Treppe that, da hatt' es zwölf ausgeschlagen, da war Wagen und Pferde verschwunden und Aschenputtel stand in seinen Aschenkleidern auf der dunkeln Straße. Der Prinz war ihm nachgeeilt, auf der Treppe fand er den goldenen Pantoffel, riß ihn los und hob ihn auf, wie er aber unten hinkam, war alles verschwunden; die Leute auch, die zur Wache ausgestellt waren, kamen und sagten, daß sie nichts gesehen hätten.

Schlüsselszene: Die Tauben helfen dem unterdrückten Mädchen.
Diese Illustration schuf Walter Zweigle um das Jahr 1900.

Aschenbrödel.

Aschenputtel war froh, daß es nicht schlimmer gekommen war, und ging nach Haus, da steckte es sein trübes Oel-Lämpchen an, hängte es in den Schornstein und legte sich in die Asche. Es währte nicht lange, so kamen die beiden Schwestern auch und riefen: „Aschenputtel, steh auf und leucht uns." Aschenputtel gähnte und that als wacht es aus dem Schlaf. Bei dem Leuchten aber hörte es, wie die eine sagte: „Gott weiß, wer die verwünschte Prinzessin ist, daß sie in der Erde begraben läg! der Prinz hat nur mit ihr getanzt und als sie weg war, hat er gar nicht mehr bleiben wollen und das ganze Fest hat ein Ende gehabt." – „Es war recht, als wären alle Lichter auf einmal ausgeblasen worden," sagte die andere. Aschenputtel wußte wohl wer die fremde Prinzessin war, aber es sagte kein Wörtchen.

Der Prinz aber gedachte, ist dir alles andere fehlgeschlagen, so wird dir der Pantoffel die Braut finden helfen, und ließ bekannt machen, welcher der goldene Pantoffel passe, die solle seine Gemahlin werden. Aber allen war er viel zu klein, ja manche hätten ihren Fuß nicht hineingebracht, und wären die zwei Pantoffel ein einziger gewesen. Endlich kam die Reihe auch an die beiden Schwestern, die Probe zu machen; sie waren froh, denn sie hatten kleine schöne Füße und glaubten, uns kann es nicht fehlschlagen, wär der Prinz nur gleich zu uns gekommen. „Hört, sagte die Mutter heimlich, da habt ihr ein Messer, und wenn euch der Pantoffel doch noch zu eng ist, so schneidet euch ein Stück vom Fuß ab, es thut ein bischen weh, was schadet das aber, es vergeht bald und eine von euch wird Königin." Da ging die älteste in ihre Kammer und probirte den Pantoffel an, die Fußspitze kam hinein, aber die Ferse war zu groß, da nahm sie das Messer und schnitt sich ein Stück von der Ferse, bis sie den Fuß in den Pantoffel hineinzwängte. So ging sie heraus zu dem Prinzen, und wie der sah, daß sie den Pantoffel anhatte, sagte er, das sey die Braut, führte sie zum Wagen und wollte mit ihr fortfahren. Wie er aber ans Thor kam, saßen oben die Tauben und riefen: „Rucke di guck, rucke di guck! Blut ist im Schuck: Der Schuck ist zu klein, Die rechte Braut sitzt noch daheim!"

Der Prinz bückte sich und sah auf den Pantoffel, da quoll das Blut heraus, und da merkte er, daß er betrogen war, und führte die falsche Braut zurück. Die Mutter aber sagte zur zweiten Tochter: „nimm du den Pantoffel, und wenn er dir zu kurz ist, so schneide lieber vorne an den Zehen ab." Da nahm sie den Pantoffel in ihre Kammer, und als der Fuß zu groß war, da biß sie die Zähne zusammen und schnitt ein groß Stück von den Zehen ab, und drückte den Pantoffel geschwind an. Wie sie damit hervortrat, meinte er, das wäre die rechte und wollte mit ihr fortfahren. Als er aber in das Thor kam, riefen die Tauben wieder: „Rucke di guck, rucke di guck! Blut ist im Schuck: Der Schuck ist zu klein, Die rechte Braut sitzt noch daheim!"

Der Prinz sah nieder, da waren die weißen Strümpfe der Braut roth gefärbt und das Blut war hoch herauf gedrungen. Da brachte sie der Prinz der Mutter wieder und sagte: „das ist auch nicht die rechte Braut; aber ist nicht noch eine Tochter im Haus." „Nein, sagte die Mutter, nur ein garstiges Aschenputtel ist noch da, das sitzt unten in der Asche, dem kann der Pantoffel nicht passen." Sie wollte es auch nicht rufen lassen, bis es der Prinz durchaus verlangte. Da ward Aschenputtel gerufen und wie es hörte, daß der Prinz da sey, wusch es sich geschwind Gesicht und Hände frisch und rein; und wie es in die Stube trat, neigte es sich, der Prinz aber reichte ihr den goldenen Pantoffel und sagte: „probier ihn an! und wenn er dir paßt, wirst du meine Gemahlin." Da streift es den schweren Schuh von dem linken Fuß ab, setzt ihn auf den goldenen Pantoffel und drückte ein klein wenig, da stand es darin, als wär er ihm angegossen. Und als es sich aufbückte, sah ihm der Prinz ins Gesicht, da erkannte er die schöne Prinzessin wieder und rief: „das ist die rechte Braut." Die Stiefmutter und die zwei stolzen Schwestern erschracken und wurden bleich, aber der Prinz führte Aschenputtel fort und hob es in den Wagen, und als sie durchs Thor fuhren, da riefen die Tauben: „Rucke di guck, rucke di guck! Kein Blut im Schuck: Der Schuck ist nicht zu klein, Die rechte Braut, die führt er heim!"

Aschenbrödel. Eine Zeitreise

24	Noch zu Jesu Lebzeiten veröffentlicht der Grieche Strabo sein vielbändiges Werk „Geographica". Darin taucht das Motiv des verlorenen Schuhs und der sich anschließenden Schuhprobe als Teil einer uralten Liebesgeschichte aus Ägypten auf.
850	Ein chinesischer Gelehrter schreibt eine frühe Version von Aschenputtel nieder.
1632	Der italienische Märchensammler Giambattista Basile stirbt. Zwei Jahre später erscheint sein Märchen „La gatta Cenerentola" (Die Katze Cenerentola) in Buchform. Basiles Aschenputtel ist das älteste bekannte in der europäischen Märchenliteratur.
1697	Der Märchensammler Charles Perrault veröffentlicht „Cendrillon ou la petite pantoufle de verre" (Cendrillon oder der kleine gläserne Pantoffel). Der Franzose lässt sein Aschenputtel mit einer Kürbiskutsche fahren, die von Mäusen gezogen wird.
1759	Der französische Komponist Jean-Louis Laruette schreibt die Komische Oper „Cendrillon".
1812	Am 20. Dezember erscheint die Erstausgabe von Grimms „Kinder- und Hausmärchen". „Aschenputtel" steht in der nummerierten Sammlung an Stelle 21.
1820	Božena Němcová wird am 5. Mai in Wien getauft – als Barbara Nowotny.
1845	Der Märchensammler Ludwig Bechstein nimmt „Aschenbrödel" in sein „Deutsches Märchenbuch" auf.
1845	1845 Božena Němcovás Aschenbrödel-Version „O Popelce" erscheint in einem Sammelband mit zehn anderen Märchen.

Božena Němcová stirbt in Prag.	**1862**
Der französische Regisseur Georges Méliès dreht mit „Cendrillon" den ersten Aschenputtel-Film aller Zeiten. Mit „Die Reise zum Mond" begründete er vier Jahre später das Genre des Science-Fiction-Films.	**1899**
Das vom Walzerkönig Johann Strauss stammende Ballett „Aschenbrödel" wird in Berlin uraufgeführt. Kaiser Wilhelm II. erlebt die Premiere mit. Strauss war bereits 1899 gestorben.	**1901**
Mit dem Einmarsch von Truppen des Warschauer Pakts endet der Reformprozess des Prager Frühlings. Einheiten der Nationalen Volksarmee der DDR stehen zwar bereit, rücken aber nicht in die ČSSR ein.	**1968**
In der ČSSR wird „Popelka" (Aschenbrödel) im Stile eines Musikfilms produziert. Regisseurin ist Vlasta Janečková.	**1969**
Der Drehbuchautor von „Tři oříšky pro Popelku" (Drei Haselnüsse für Aschenbrödel), František Pavlíček, wird wegen seines Engagements im Prager Frühling mit Berufsverbot belegt.	**1970**
Ab Dezember wird „Tři oříšky pro Popelku" gedreht.	**1972/1973**
„Tři oříšky pro Popelku" erlebt seine Kinopremiere im November in der ČSSR. Im März 1974 läuft „Drei Haselnüsse für Aschenbrödel" in den DDR-Kinos an, im Dezember 1974 folgen die Lichtspielhäuser der Bundesrepublik.	**1973**
Ella Endlich präsentiert erstmals zur Titelmelodie des Märchenfilms ihren Schlager „Küss mich, halt mich, lieb mich".	**2009**
Der US-amerikanische Rapper Eminem besingt sich selbst als männliches Aschenputtel. Auch ein Schuh wird in dem Song verloren, er stammt von einem Sportartikel-Hersteller.	**2010**
In Norwegen wird „Drei Haselnüsse für Aschenbrödel" neu verfilmt.	**2021**

Das Quiz für echte Fans

1. **In welcher Periode spielt „Drei Haselnüsse für Aschenbrödel"?**

a) im Barock
b) in der Renaissance
c) das bleibt offen

2. **Was vermischt Aschenbrödels Stiefmutter vor dem Ball?**

a) Erbsen und Mohn
b) Linsen und Mais
c) Mais und Reis

3. **Wo wurden die Ballszenen gedreht?**

a) auf Schloss Moritzburg
b) im Defa-Studio in Babelsberg
c) im Studio Barrandov in Prag

4. **In Grimms Märchen werden den Stiefschwestern zur Strafe die Augen ausgepickt. Welche Strafe erhält Dora im Film?**

a) sie muss den Hofnarr heiraten
b) ihre Augen werden ausgepickt
c) keine

5. **Im Film hütet Eule Rosalie die Haselnüsse? Wer ist es im Originalmärchen von Božena Němcová?**

a) Eule Rosalie
b) ein Knecht
c) ein Frosch

6. **Wen tötet Aschenbrödel im Film?**

a) einen Raubvogel
b) eine Haselmaus
c) sieben Fliegen

7. **Was möchte Aschenbrödel im Originalmärchen erleben?**

a) einen Ball
b) Gottesdienste
c) eine Jagd

8. **Das Motiv der Schuhprobe wurde bereits in der Antike erzählt am Beispiel einer …**

a) Sexsklavin und des ägyptischen Königs
b) griechischen Göttin und Apolls
c) römischen Hofdame und des Kaisers

9. **Aus welchem Land stammt die älteste bekannte Aschenbrödel-Version?**
a) aus China
b) aus Frankreich
c) aus Deutschland

10. **Woher stammt die von Disney verfilmte Vorlage von „Cinderella"?**
a) aus China
b) aus Frankreich
c) aus Deutschland

11. **Welches Verbrechens macht sich Cenerentola, das italienische Aschenputtel, schuldig?**
a) keines
b) des Mundraubs
c) des Mordes

12. **Wer sprach von sich als Aschenbrödel?**
a) Martin Luther
b) Johann Sebastian Bach
c) Johann Wolfgang von Goethe

13. **Welche Film-Charaktere machten den König-Darsteller Rolf Hoppe berühmt?**
a) Bösewichter
b) Liebhaber
c) Humoristen

14. **Warum wurde der Darsteller des Prinzen in seinem Heimatland synchronisiert?**
a) er war beim Dreh heiser
b) er sprach Dialekt
c) er war im Stimmbruch

15. **Woran mangelte es während der Dreharbeiten in Moritzburg?**
a) an Schnee
b) an Filmmaterial
c) an Statisten

16. **Wer singt im tschechischen Originalfilm ein Lied?**
a) Karel Gott
b) Roland Kaiser
c) Mireille Mathieu

17. **Für welche Zeichentrickserie komponierte Karel Svoboda ebenfalls die Musik?**
a) „Wickie und die starken Männer"
b) „Biene Maja"
c) „Pinocchio"

18. Wie beginnt der Schlager „Küss mich, lieb mich, halt mich"?

a) La-la-la, la-la-la, la-la-la, la
b) Lalelu, nur der Mann im Mond schaut zu
c) Küss mich, lieb mich, halt mich

19. Wer spielt Aschenbrödel in der norwegischen Neuverfilmung?

a) Sängerin Astrid S
b) Norwegens Kronprinzessin
c) Sängerin Ella Endlich

20. Wo wurde Božena Němcová getauft?

a) in der Wiener Alserkriche
b) im Prager Dom
c) in der Dresdener Liebfrauenkirche

21. Auf welchem tschechischen Geldschein ist Božena Němcová zu sehen?

a) 100 Euro
b) 500 Kronen
c) auf keinem

22. Und wie ist das bei den Brüdern Grimm?

a) 1000 DM
b) 200 Euro
c) auf keinem

23. Welches Werk von Božena Němcová ist autobiografisch geprägt?

a) „O Popelce"
b) keines
c) „Babička"

24. Václav Vorlíček führte ebenfalls Regie in …

a) „Pan Tau"
b) „Das Mädchen auf dem Besenstiel"
c) „Clown Ferdinand"

25. Wofür steht der Name Barrandov?

a) ein Filmstudio
b) ein böhmisches Bier
c) einen Prager Stadtteil

26. Welcher Defa-Märchenfilm war der erfolgreichste zu DDR-Zeiten?

a) „Das kalte Herz"
b) „Die Geschichte vom kleinen Muck"
c) „Drei Haselnüsse für Aschenbrödel"

27. Welcher Film wurde ebenfalls in Schloss Moritzburg gedreht?

a) „7 Zwerge – Männer allein im Wald"
b) „Vier Fäuste für ein Halleluja"
c) „3 Engel für Charlie"

28. Wo werden weltweit die meisten Haselnüsse geerntet?

a) in der Türkei
b) in Deutschland
c) in den USA

29. Mit wem sind Haselmäuse nah verwandt?

a) mit Mäusen
b) mit Eichhörnchen
c) mit Wombats

30. Haselnuss-Creme ist der beliebteste Brotaufstrich der Deutschen …

a) das stimmt
b) nein, Marmelade
c) nein, Honig

Quiz-Lösungen

1 **c** – das bleibt offen
2 **b** – Linsen und Mais
3 **b** – im Defa-Studio in Babelsberg
4 **c** – keine
5 **c** – ein Frosch
6 **a** – einen Raubvogel
7 **b** – Gottesdienste
8 **a** – Sexsklavin und des ägyptischen Königs
9 **a** – aus China
10 **b** – aus Frankreich
11 **c** – des Mordes
12 **a** – Martin Luther
13 **a** – Bösewichter
14 **b** – er sprach Dialekt
15 **a** – an Schnee
16 **a** – Karel Gott
17 **a, b** und **c** – für alle drei Serien
18 **a** – La-la-la, la-la-la, la-la-la, la
19 **a** – Popsängerin Astrid S
20 **a** – in der Wiener Alserkirche
21 **b** – 500 Kronen
22 **a** – 1000 DM
23 **c** – „Babička"
24 **b** – „Das Mädchen auf dem Besenstiel"
25 **a c** – ein Filmstudio sowie einen Stadtteil
26 **b** – „Die Geschichte vom kleinen Muck"
27 **c** – „3 Engel für Charlie"
28 **a** – in der Türkei
29 **b** – mit Eichhörnchen
30 **b** – nein, Marmelade

Zitate

„Als ich 4 oder 5 Jahre alt war, habe ich meine Großmutter jeden Abend gebeten, mir dieses Märchen zu erzählen. Und es ist möglich, dass ich mir die Aschenbrödel-Rolle mit kindlicher Fantasie herbeigewünscht habe."
  Libuše Šafránková

„Wenn ich eine Zeitmaschine hätte, wäre ich ein Cinderella-Mann."
  Eminem

„Ein Märchen hat seine Wahrheit und muss sie haben, sonst wäre es kein Märchen."
  Johann Wolfgang von Goethe

„Alß sey ich eyn schand unnd asschen proddel."
  Martin Luther

„Ich kann auch rasch sein, und in fünf Minuten ist Aschenputtel in eine Prinzessin verwandelt."
  Effi Briest (Theodor Fontane)

KLARTEXT

Bildnachweis:
Adobe Stock © belyaaa: S. 97; Adobe Stock © bevisphoto: S. 23; Adobe Stock © ChenPG: S. 103; Adobe Stock © Jana: S. 46/47; Adobe Stock © jbsbild: S. 8/9; Adobe Stock © Marén Wischnewski: S. 4/5; Gemeinde Aßlar: S. 94; Babička 1924: S. 51; Beate Schleep/© dpa - Report: S. 57; Československá Pošta: S. 53; Lucas Cranach: S. 39; CTK/Alamy: S. 29; Gérard Edelinck, Kupferstich nach Jean Tortebat: S. 68; Gemeinde Haslach im Kinzigtal: S. 94; Gemeinde Hasselbach: S. 94; Gemeinde Hasselroth: S. 95; Lars Hellebust: S. 84/85; Gemeinde Hisel: S. 95; IMAGO/CTK Photo: S. 73; Rene Jungnickel/Landesbühnen Sachsen: S. 81; Koninklijke Bibliotheek, CC BY-SA 2.0: S. 61; Mirko Krüger: S. 17, 54, 55, 104; National Library of Norway: S. 25; Neubert-Verlag 1941: S. 52; Neues deutsches Märchenbuch, Wien 1890: S. 11; Nicolaus Perrey: S. 66; picture alliance/dpa/Arno Burgi: S. 6, 45; picture alliance/FS/AdMedia | F. S: S. 87; picture alliance/United Archives/IFTN: S. 32; Schedelsche Weltchronik: S. 63; Gemeinde Sprockhövel: S. 95; Stefula/Deutsche Bundespost: S. 100; Sylvio Dittrich/Landesbühnen Sachsen: S. 79, 83; Sylvio Dittrich/PostModern: S. 99; Otto Wilhelm Thomé: S. 90; Felix M. Weber/Funkturm Verlag: S. 76/77; Walter Zweigle: S. 111

Bibliografische Information der Deutschen Nationalbibliothek
Die Deutsche Nationalbibliothek verzeichnet diese Publikation in der Deutschen Nationalbibliografie; detaillierte bibliografische Daten sind im Internet über portal.dnb.de abrufbar.

Impressum
1. Auflage September 2021
Layout und Satz: Guido Klütsch, Köln
Lektorat/Redaktion: Carina Middel
Umschlagabbildungen: Adobe Stock: © Eric Isselée (Eule), © gallas (Schloss); picture alliance: WDR/DEGETO/© dpa-Report (Filmszene), © PictureLux/The Hollywood Archive|R4820 (Kristofer Hivju); Wikipedia: Von Geri-oc - Eigenes Werk, CC BY-SA 3.0, https://commons.wikimedia.org/w/index.php?curid=39614712 (Schuh); Mirko Krüger (Geldschein)
Druck und Bindung: Linsen Druckcenter GmbH, Siemensstraße 12–14, 47533 Kleve

© Klartext Verlag, Essen 2021
ISBN 978-3-8375-2399-7

KLARTEXT
Jakob Funke Medien Beteiligungs GmbH & Co. KG
Jakob-Funke-Platz 1, 45127 Essen
info.klartext@funkemedien.de
www.klartext-verlag.de